JN119534

「東アジア共同体」から「自由で開かれたインド太平洋構想」へ

熊沢 一衛 ――著

三恵社

『東アジア共同体』から『自由で開かれたインド太平洋構想』へ　目次

目　次

まえがき

　『東アジア共同体』という新書版（岩波新書）の本が出ている。著者の谷口誠氏は、アジアの経済発展を受けて、アジアの経済統合を、熱く語っている。初版は、2004年である。

　一方で、大泉啓一郎氏は、『老いてゆくアジア』という新書版（中公新書）の本を出されて、繁栄の構図（中国の台頭）が変わる時、アジア経済は大丈夫か、「アジア楽観論に警鐘を鳴らす」と宣伝の文句を掲げている。こちらは2007年が初版である。

　中国が11％の経済成長率を示して、21世紀はアジアの世紀と言われていたが、少子高齢化や、社会保障制度の脆弱さを見て、喜んでばかりはいられない。「中所得国の罠（1人当たりのGDPが3000ドルから1万2000ドルに達すると陥りやすい）」にすでにひっかかっていると見ることもできる。コロナでの都市封鎖の政策によっても中国経済はかなり疲弊しているのであろう。

　日本は、このような時、短期間で大きな変化を体験させられている。ただし、デフレが以前から存続して、なかなか脱却ができないでいるので、国民はそれほど驚かない！

しかも、日本政府はアジアの中で、何らかの役に立つようにと、ODA（政府開発援助）などの援助を続けているのも事実である。一方、国民は、しっかりとした「中産階級層」を形成して、ゆったりとした気持ちで生活をしているはずであったが、いつしか、この道も諦めている、と言えるだろう。

　どこの国も経済のみならず、政治的な安定感も持ちたいものである。自由も、欲しい！さらに、食料の不安など持ちたくはない。

　しかし、軍事に偏って、そこにのみ力を入れている国もある、しかもそれらが日本の近くに存在している。我々は、島国のために、気をつけていないと、知らぬうちに「平和ボケ」に陥り易いと言える！

　個人の独立はもとより求めていくべきであり、人権は言うまでもなく大切である。しかも、軍事的に周辺から圧迫感を感じて、日々の生活を送らねばならないのは、不安なことであり、不幸なことである。そこで今、志を同じくする国同士が、話し合って「連合」、「連帯」を創ろうとしているところが増えている。そこで、明治時代の『国権論』か『民権論』とかの論争は今も続くことになる。

　福澤諭吉はすでに『文明論之概略』の最後の方で語っていた。

「外国交際は我国の一大難病にして、これを療するに当て、自国の人民にあらざれば頼むべきはなし。その任、大にして、その責、重しというべし。即ちこの章の初に言える、我が国は無事の日にあらず、然もその事は昔年に比して更に困難なりとは、正に外国交際のこの困難病のことなり。」（岩波文庫、p.294）

　今、我々にはこの点—外交力—が欠けていると言わねばならない。インド・太平洋を平和の海、自由に航海できる海にしておきたい、資源のない国であることを誰しもが知っているから余計にそう思うのであろう。

　ヨーロッパには EU と NATO が出来上がっている。西太平洋地域にはなにを作るといいのか、政治はこれに取り組み、国民は少しはこのことを考え出している。個人の独立と、国の安全との調和が理想である。現実はこの難しい姿を考えないといけない時に到り、今我々日本国民は、こうした中に置かれている。
　そこで以下で、我が国の周辺から考察をはじめ、諸事実を整理して、正しい「国際的常識」を形成することを始めたい！具体的には、自由で開かれたインド・太平洋の構想づくりへの一歩である。

序章

個人と国益

　2022 年 2 月 24 日、ロシアがウクライナに突然侵攻した。1991 年 8 月 24 日に、ソ連邦からすでに独立している国に対しての侵略である。そして、短期間で元のロシアという「偉大な国」に再びウクライナを組み込もうとしたようだ。21 世紀になって、大国が小国に、何の大義も正義感もなく、ただ領土を取りに行く略奪行為（市民も無差別に殺す）をしたことに、世界中が驚いた。しかもプーチン大統領は核兵器の使用をもちらつかせている！最悪の犯罪行為と言わねばならない。

　2014 年に、ウクライナ東部 2 州や南部 2 州とクリミア半島のロシア化が行われていたが、世界の人々の関心は、今回より、はるかに低かったと言える。そのために、世界がその暴挙に反対する好機を逸したことになる。しかしクリミヤ併合を世界が承認した訳ではなかったのである！ウクライナとアメリカは、今回の侵攻に備えていたこともわかってきた。

　さて伊勢雅臣氏のインターネット記事（ブログ）に次のような

文章を見つけた。ある男子中学生が、日露戦争（1904-1905）の授業を受けて、次のような感想文を書いたそうである。

「日露戦争で日本が勝利するまでには、数々の苦難があったということが改めてわかった。ロシアがウクライナに侵攻しようとしている現状と、この日露戦争の頃の時代は、ロシアの欲深さがあらわれていてよく似ていると思った。高校では、近代史についてより深く知りたいと思っている。」この生徒の感想文には歴史の真実をつく鋭さがあると筆者は感心した。

　伊勢氏はさらにこの生徒の感想文をきっかけにして、歴史教育のあり方を深く考えていく。高校では、教科書が「歴史物語型」「思想誘導型」「社会科学型」、に分れており、まずは「歴史物語型」の具体例を集めて、集大成を作り上げようとされている。今回の話題（日露戦争）では、元老伊藤博文の声を載せると良いと言われる。その発言とは：

「今度の戦に就いては陸軍でも、海軍でも、大蔵でも、日本が確実に勝つという見込みを立てている者は一人もいない……。しかし打ち捨てて置けば、ロシアはどんどん、満州を占領し、朝鮮に侵入し、遂には我が国家までも脅迫するに至る。事ここに至れば、

国を賭しても戦うの一途あるのみである、成功・不成功などは眼中にない。」(注1)

　なるほどこの逸話からは、当時の伊藤博文の気持ちがよく伝わってくる。

　筆者としては、後藤新平の活躍や存在もこの時代の歴史にもっと顔を出してきてほしい！と欲が出る。共にこの時代の深部で、いかにロシアと対応するかを考えていたようであるからである。(注2)後藤の研究者、山岡淳一郎氏の言う、「公共の確立」の難しさは今にもつながる議論である。(注3)

　高校の教科書には、このような『歴史物語』型、と『思想誘導』型と『社会科学』型があると先に触れた。伊勢氏はこの最初の資料体の作成に励みたいと言う。歴史的人物の、その場の言葉が歴史をよく反映しており、記憶に残るものであるからだろう。期待したい。

　本書でも若い人に役立つように、何か具体的な歴史（1990年-2025年）の現場を捉えて、書き残しておきたいと筆者は思っている。

　まずは、2000年から2007年にかけて「日本と東アジアとの

共同体」作りの必要性が盛んに述べられたことが実際にあった。（特に2006年ごろを中心に）一体この議論の熱は今どこへ行ったのか。今日では、むしろ「自由で開かれたインド太平洋構想」へと、話題は移っていると言えるのではないか。この変化の底に流れる思想や歴史の実態や変化（経済から政治、安全保障へ）は何故あったのであろうか？この変化の深部に是非触れておきたいと思う。そして、未来に向けて我々が良い判断のできるようにしたい。

　また、個人的には、前著で「個の確立」を語ったので、「国家」とは、この確立された「個」とどう関係して結合するのが理想なのか、が残っている大切な問題である。
　戦前の「国家のための個人」、「個人に犠牲を強要する教育」であっては勿論いけない。大切なのは、むしろその逆である。今日では、個人の生活に、「他人」がたくさん入り込んでいるように見える。例えば、少しの注意に腹を立て、煽り運転に出たり、刃物で他人を刺したりする事件が多すぎないかと感じる。いわば、個と公がうまく噛み合っていなくて、互いに衝突しあっている状態と言えないだろうか。

　今日こそ、この点（個と国家の関係）を理想の形ではっきりし

ておくことが肝要となってきている。その上で歴史的にもこの関連を詳しく調べ、理想の姿を探求していくことが大切だと思う。戦前は、国家が個を押しつぶしすぎた！そしてこの前の戦争の名前が、77年経った今も定まっていないことに気づく。これはどうしてか。例えば、ある人は、先の大戦、とか、第二次世界大戦、15年戦争、大東亜戦争、太平洋戦争、アジア・太平洋戦争、等々と書く。つまりは、はっきりしない「正義に賭けて」戦っていたのではないか？と思える。（「2022年8月31日『朝日新聞』」参照）そして多くの犠牲者と損害を出してしまった。

　いよいよ、我々はこれから以上のような難問への回答探しの旅に出る時期に来ていると言える。

　確かに歴史教育に対しては、最近いろいろな注文が出ている。例えば、「朝日新聞」の社説（2012年10月8日）では、「近現代史」の教育にもっと力を入れよう、という政治家らの意見が紹介されている。

　政治家からこうした意見が出ることは、時代の反映であろうか。原因は、隣国（韓国）の反日教育は以前よりもよく取り上げられているのに、日本の若者がそれらに何ら反論する知識を持たないことを目撃する、このような体験をした日本の政治家にとっては、これが歯がゆいと言うのである。中国の反日教育も、一向に変わ

らないし、激しくなるばかりである。政治家のすすめる、いわゆるその政治的圧力は、いつ吹き出すかわからなくて、恐ろしいぐらいである！

「領土や歴史認識」について我々がどんな立場をとるにせよ、まず日中韓をはじめ近隣の国々との関係について、「史実を正確に」知っておくことが出発点であり、これが大切な点である、と確認しておきたい。

「近現代と東アジアを中心に、世界の中の日本を学ぶ。そんな歴史教育に見直してはどうか。」前記の「朝日の社説」の主張は、このようにまとめることもできる。筆者もこれに賛成である。できれば何か今までに学んできたことや、今日の時代の趨勢から学べることを整理し、個人と国家、国益を巡って、次世代の若者たちに必要な事実と歴史の実例を伝え残したい。これこそが本書の、特にこの序章の原点である。

　特に 2020-2022 年頃を中心に、即ち令和 2 年から令和 4 年頃の日本人は、どんな世界で生き、何を考えて生きていたのか、を記録して理解するきっかけになる証言となれば、さらに良い、とも考えている。もちろん、現在の自分たちとの比較や、「自己認識」に役立てたい！とも思う。

なお、この間、新型コロナウィルスの感染のため、オリンピック開催（2020年）は1年延期された。（2021年6月–7月、）感染症が広がっているなかで、なぜ無理に挙行するのかと問う人もいた。当然ながら、連日、感染症の患者数が報道されている。しかもその数は増加の一途をたどる。オリンピックと感染症、それに地域紛争が重なる時代である。すでにこうした情勢のなかで、国民は耐えて、3年が過ぎようとしている！

　地球温暖化による洪水被害、所により「干ばつ」も毎年、日本と世界の各地であり、気候変動のためのサミット（COP27）では警鐘を鳴らし続けている。さらにリモートの会議が日常化してきて企業、学校でも世界の指導者も話し合う。かっては、「京都議定書」が、よく話題になったものである。COP27は今年はエジプトで開催中である。

　脱炭素の動きも、持続可能な世界のために大切であるため、21世紀のいわば通奏低音の様に流れていくことであろう。いずれにせよ、コロナ感染の広がる中、また様々な変異株が出現する中で日本人もよく耐えて、対応の努力をしている。政治家も専門家を集めよく対応していること、これは書いておかねばならない。

　ただし、基礎医学研究が発達している日本から、この病気に対して正確な対処法が出てきて欲しいものだ、と筆者は思っている。

この方面でも「基礎研究」に予算を惜しんではならないことを国民は今日学んでいるはずである！

　さて、「中国が世界の覇権をとる動き」がはっきりとして来たのもこの時代である。特に習近平が３期目の中国共産党主席になってからは、台湾への攻撃は実際、いつあるのか、国民の心の底にいつも不安を掻き立てている。日米で、いやG7や世界でも議論するが、心配は増幅している。そこに、ロシアのウクライナ侵略（2022年2月24日）が重なって起きてきたのである。

　世界は、ロ中の「武力による現状の変更」のために大きな不安と危機感に襲われている。北朝鮮も、矢継ぎ早に、ミサイルの打ち上げをしている。核兵器の実用化を急ぎ、使用するかどうかで自己主張をする、こうして人類の破滅にも直面していく。　これは、あのキューバ危機（1962年）以来の緊張である！異様な雰囲気が今日の世界を覆っている。我々は正に危機の中で生きている。

　上記の危険と理由と解決策について、1人ではもちろん困難なことはわかっているが、漸次新しい事実や疑問点、を拾い集めて考察していきたい。納得のいく事実把握と回答を探求していくことが必要であろうし、またその価値は十二分にあると確信している。

本書は、日本の近隣の国々の現実についてまずは取り扱う。中国の動きは、すでに書いたように、その中でも今日「特別な攻撃的動き」を見せており、世界に不安を掻き立てている。その理由は何かを正確に問いたいし探求してみたい。

　そのために、正確な政治と経済の情報を獲得していく。そして中国を取り巻く国々の根底をなす、「集団心理」、別の言葉ではいえば、「思考構造」、「情緒構造」とも関連づけて把握していくことを目指す。これらは、「国民感情」や「集団心理」などの用語でも捉えられよう。最近注目されている、「地政学の観点」も取り入れて行きたい。

　その上で、またはそうした探求の中から、「民主主義と自由や人権、そして我が国の独立と安全を守っていくための知恵」を探し、将来何かこの種の議論をする時の材料を提供できればと思う。

　日本は現在の世界の複雑な状況の中で、すなわち、2020年代において、どう振る舞っていくのが賢明であるのかも考察していく。妥当、かつ適切で、有益な答えが出るならば筆者としても幸いである。

　こうした困難なことがらに対峙することが、100年を経て後の、かの福澤諭吉の仕事の継承にもなるなら幸運である。さらに若い人々や将来の日本のためになり、未来を考察するときの参考にな

るならば、この仕事には多少の意味があろうかと期待している。

　明治の昔、富国強兵の後で、しばらく日本はその後どう振る舞っていくべきか逡巡した時があった。今思えば、その頃の人々の外圧に対する努力が今と重なり、大切な時代であったことが明白になってきた。しかし日露関係や満州の関連事項は、今回残念ながら、中心議題にはできない。これだけで、優に１冊、２冊の本が必要である。さらに近年、後藤新平に関する本も幾冊出版されている。日露戦争後の、日本のあり方を巡って、特に伊藤博文との『厳島夜話』は、今日も人々を惹きつけるものがある！[注4] 結果は、伊藤の暗殺という悲劇に終わったが、これは、後藤の心の傷のみならず、日本人全体にも関係している。さらに、日本はロシア（帝政の時代）と中国（清の時代）の陰に隠れた密約に悩まされた時代でもあったことも、今日の世界情勢の中の日本に通じはしないかと、痛切に感じている。

　1941 年 12 月 8 日、真珠湾攻撃の日であるが、この 12 月 8 日には毎年様々な思い出が語られる。どうして、戦争に突入して行ったのか、いまだに真剣で、これぞ最終的な答えと言えるものが出てこない。残念ながら「馬鹿な事をした、人々は痛ましい死に方をしたものだった！」で思考中止になるのが慣わしである。

これは、おそらく、「個の確立と国の独立、国益」とが、曖昧なまま、並行して進んできたことに関係していると思う。個と公とが有機的に結ばれずに、「他人」や「他」が「個人」の眼前に現れてくる。そして最近は変な人が増えたものだ！と呟いてしまって終わり、となりがちである。

　本書では、この、福澤や後藤の問題—満州に奥深く入っていくべきかどうか—を遠景に据えて、上記の物事が少しでもはっきりするように探求したい。できればその本質部分に焦点を当ててみたい。東アジアと表題に掲げても、ロシアはアジアの部分ももち我々の隣国ではあるが、問題の中核に置かないことは、すでに注の形でその理由を書くことにした。

　あえて今回、筆者が思っているその遠因は率直に言えば、日露戦争後の、日本がその時代での選択に直面した時代（1905年から第一次世界大戦開始時、1914年までの間）が該当する時であった。満州事変と支那事変へと時代の方向が決ってしまってからは、すでに、日本は破局に向かい、滅亡への道を突進していことがわかったこと。

　中国大陸深くに誘いこまれて、日本は自己を失って行きアメリカの介入を許し、睨まれて終わる。言い換えれば、蒋介石らは日本を誘い出し、アメリカの介入することを狙っていたのである。

いわば中国人の知恵に負けたのである！

　そして、結局は、日本は「アジア」の奥地にまで戦いを広げて生き延びる道を必死に求めた。満州に奥深く入り込み、あの「大東亜共栄圏」へと繋がる道を辿ったのが間違いではなかったか。どうして、一歩手前の時点で、立ち止まらなかったのか。結局は決していい答えを見つけられずに、「最悪の結果へと向かう道」を辿ったことを今は思い出す。実に忸怩たる思いである。さて今日、同じような状況に日本は置かれていないだろうか。友好の連携、連帯こそ、努力して見定めることが大切である！

　筆者は、身の丈知らずの、しかも専門外の大問題を抱えてしまっているような気がしている。しかし少なくともこの大目標（複雑な国々との関連の中で、そしてまた最近では、米中対立の激しくなってきた中で、あえて複雑な問題を提示し、賢明な進路探しを成し遂げて、世界の中でどう生き抜くのかを整理することに近づけば、少しは価値ある仕事になるのではないかと思って書き出した。

　筆者はフランス文学の歴史研究をしてきて、ヨーロッパ文明やヨーロッパ共同体（EU）の動きに関心を持ってきた。しかしこ数年は、従来からの問題意識から離れ、いわば自分自身が「ア

ジアへ」回帰して、資料集めや関連書を読み考えても来た。また
できる限りの多くの知識人、ジャーナリストの意見や知見もメモ
してきた。今後の日本の進路に関して、悪い選択を避け、良い結
果、良い回答が得られるよう努力してきた。突飛ではあるが、「西
欧の価値観の中核、ジョン・ロックの統治論」からは心の中では、
今も離れてはいないつもりである！また尊敬する文学者ヴォルテー
ルとその『ヴォルテールの現代性』も忘れてはいない。^(注5)

「You Tube」等の専門家の諸意見も、以前は簡単には聴けない
ものであったが、今では簡単に参考にできる。従来の新聞、テレ
ビで扱わなかった諸情報や意見も入ってくる。新聞、テレビはこ
れらの刺激を受けて、余程の努力をしないと生き残れないのでは
ないかとも感じる。自然淘汰が行われようとしている。いい意味
での自由競争であり、正確な報道のために努力をしてほしい。

「個の確立」とその上に立って、西洋文明を学びつつ、「国の独立」
を探ろうとした明治の福澤諭吉（1835年–1901年）の理想にこ
れからの内容は多少重なっていくだろう。さらに、本書が出来上
がれば、それは筆者の前著、『「個の確立」と二つの憲法』にもつ
ながりその続編、ないし対をなす仕事ともなるだろうと期待して
いる。^(注6)

この仕事が成功すれば、さらに明治の知識人、福澤諭吉の文明論（特に『文明論之概略』、1875 年 8 月）に、約 150 年の隔たりを超えて、その内容や、意図の点で重なっていくという光栄にも浴することにもなろう。すなわち、微力な筆者の仕事が、福澤の仕事の現代版の一部（個人を磨き、そして、それに立脚し独立した国のあり方に関わる。同時に進んだ文明に学びながら、その分野でも我が国の独自の道も探すこととなる。また福澤の考え方の批判的継承（現代での日本国の立ち位置についての意見）にもなれば、これからの作業は多少の存在意義を持つことにもなると思う。

　すでに渡辺利夫氏は、福澤諭吉を読み込み、そして、中国、朝鮮とどう付き合えばいいか、そして、わが国とアジアとの付き合いに、良い答えを出し、またそのヒントを得ようとした好著を出版している。[注6] また、小浜逸郎氏は『日本の七大思想家』の最後に、福澤諭吉を置き、その偉大さを際立たせている。これらも大いに参考となる良書になっている。[注7]

　周知のように、福澤の『学問のすすめ』（1872 年、明治 5 年刊）は、万人はみんな生まれながらに平等であり、人々には貴賤はないと書き出している。（これはアメリカの独立宣言の福澤流の訳である）その後、同書の（第 3 篇）では「一身独立して一国独

立すること」に1章を当てている。これはすでに斬新であり、改めて見れば今日性のある驚きの指摘である。何故ならば、国が富んではじめて一身独立すると、人々はどちらかと言えば考えやすいから。(注8)

　福澤のこの点は見逃されやすい。自分の過去の仕事に近づけると、「個の確立」の上で、「一国の独立」を探求していくことにも繋がる。国民と国家の意識を理想的に固める必要が今日あると言える。国家の意識のみが表面に出ることは、大失敗であった、と1945年の敗戦を経てに国民は身にしみて知った。
　これはまた、国民のみんなが烏合の衆では、近代国家としての日本国が保持できない、とも言い換えられる。アジアで日本がひとり「近代化」に成功して、韓国、中国の知識人たちにもいい刺激を与えたのは、この人材づくりの仕事を先人たちが教育、出版を通して進めていたからでもあろう。『岩倉使節団の西洋見聞』の役割も仕事も大きかった。同時に西郷ら留守番組の人々の存在意義もその際、見逃せないことは、拙著で述べたことがある。

　福澤は西洋文明をバックルの『英国文明史』や、ギゾーの『ヨーロッパ文明史』に、学びつつ、同時に独立の気概を持たねばならないとも説いている。西洋文明に学び接近すれば、貿易と戦争が

当然視野に入ってくる。『文明論之概略』、（明治 8 年、1875）は、西洋の文明（人の精神発達の議論）を紹介するが、その第 10 章では、日本独自な文明（文化に近い！？）を持つように努めよう、とも呼びかけている。個人の人格においても、国家としても、福澤の思考には「独立への願望」が底流していた。そして、「国の独立は、国益を守る」とも最後に彼は言っている。^(注8)

　さて、はっきりと自己の考えをまとめることは、日頃から訓練していないと、急に相手の論理や策略に接して、タジタジになるものである。こうした事態は現代でも真実であり、このことは前述のように日常的に起こり得ることでもある。
　さらにこれからの世界ではますますそうした機会が多くなるだろう。通信の手段が多岐に渡り、かつ簡単になったことも原因であるが、フェイクニュースを故意に流す者やいい加減な「政治屋」の行動も頻発している。良識の欠けた解釈や、また無理な理屈を押し通す人間も多くなってきている世の中である。

　他人の意見に耳を貸す人々や国民は国際的に見たときに意外と少ないものである！　中国には、「君は君の道理を言い張るが良い、私は私の道理を主張する」という意味の交渉哲学があるらしいが、実際の国としての行動はいかがなものであろうか。

今日、暴力もよく使われている。策略を用いることも現代人は得意な気がする。さらに面倒なことは、暴力や金銭で解決しようとする者、外国の大使館（日本のもの）にも投石する民衆や、警官も見て見ぬ振りをしている映像を今になって思い出す。

　一方で日本の国内では、相変わらず、相手に面と向かって反論することには努力や、覚悟がいるという雰囲気が未だに残っている。また相手に対立するような姿勢は、日常ではかえって人に嫌われることが多い。漱石の『草枕』の冒頭にもある、「知に働けば、角が立つ……」の名言も人口に膾炙している。これは今の世にも通じるし、気を使わない相手には、陰で「いじめ」をして、「自殺」へと他人を追い込むこともある。日本人としてはまずこの点を反省し、自己を強化するべき点である。

　国会でも、野党の質問がマイナス効果（質問と答えが生産的でないとされ、それが、野党にはマイナスに働いているように見える）を生んでいるのではないかと、筆者は常日頃考えている。これは日本人の歴史的に形成されて来た習性であり、特性—謙譲の美徳—にもつながっているから厄介でもある。

　国際世界では、こうした消極的態度は、必ずしも、美徳にはな

らない。ギリシャ・ローマの「雄弁術」の発達が一方ではその証左であり、今も伝統として残っているし、その精神は今も推奨されている。日本では「雄弁」は時に言葉巧みなだけの人となり、蔑まれることさえある。これは日本人の美徳ではなくて、むしろ消極的な、「集団心性」を形成していないだろうか。今やこのような態度は儒教の教えを曲解した、美徳ではなく、「外交下手」につながり、その価値観はきっぱりと捨てるときに来ていると思う。

　以下の章では、政治、経済、安全保障、集団心理にほぼ４分の１の割合で重点を置き（現実の動きは、それぞれが４分の１の割合で、原因となり、事件が起こるとは限らないが）、問題を総合的に考察する。素人ながらの考え方であるが、特に４番目の項目、「集団心理」や「国民感情」に力点を置くことで、少しは議論に新味が出てくるのではないかとも期待している。
　例えば、「地政学」を名乗り、最近お隣の国の行動を、「半島国家」のそれとして、納得のいく結果を出している評論家も多い。拙論はそのような成果に刺激を受けたのも事実である。

　さて、本書で扱う近隣の国々、いわゆる「身近な国々」とは、具体的にはまずは「日本、中国、韓国」となる。ＥＵ—ヨーロッパ連合（欧州連合）を真似て「東アジア共同体」構想（2009 年、

民主党を中心とする鳩山政権の時）が一時は論議されたが、最近はすっかり、議論されなくなった。(注9) これは一体どうしてであろうか問うことになろう。

　この３カ国の国民感情が原因かも知れないので検討してみる。不思議なことに、この構想によく似たもの―相手を少し変えて―が最近また浮かび上がってきているので、より切実さがある。

　ある構想が消えていったのはなぜか、また上記の構想に似たものが蘇ってきているのはこれまた、なぜか。原因は、おそらくは「中国の意外なスピードでの大国化や他国への攻撃性」が原因ではないかと筆者は考えている。アメリカの力が相対的に弱小化したことも原因にあるのかもしれない。今日、中国と米国の覇権争いの中に「米中激突の地政学」によって分析される圧力に、世界は巻き込まれている。これも米ソ冷戦後に、いつの間にか出来上がった「新たな冷戦」であるかもしれない。米ソと米中との冷戦は、しかも、内容が必ずしも同じではないと思える。

　さらに、ヨーロッパ全体の力の弱小化も上記の変化に関係しているのかも知れない。(注10)

　さて初歩的なことではあるが、アジアとは一体どこなのかを把握しておくことも大切である。（以下、北九州市立大学の教授、金鳳珍氏のネット記事を参照させていただく）

「東アジア」とは、タイ、シンガポール、フィリッピンなどの東南アジアと、日本、中国、韓国などの東北アジアが含まれる。この東アジアは、歴史や民族、宗教的にも多様で複雑な経緯のもとに成り立っている。

今や世界の様々な国と地域がEUを真似て経済、社会、文化、政治、外交、安全保障などを協議する共同体を構想し模索している。

筆者の念頭には、先例としてまずは「アフリカ連合」（AU）がある。紛争の多い地域であるが比較的よく機能しているように見える。アフリカは1960年代はじめに西洋の植民地から次々と独立し（エンクルーマ、初代ガーナ大統領がその中心的指導者）、それから独立国が増えて、すでに半世紀が経った。

南アフリカでは黒人大統領も出たし、北アフリカではアラブの春という、民主化の運動もあり独裁者たちは消え去っていった。（カダフィ大佐の死）。

アフリカの人々が、まだ十分ではないがようやく自分たちの問題を自分たちの手で解決する力、（国連での活躍）を持つに至ったように見える。日本もその動きに多少貢献したと思う、または貢献できたと向こうの人々にも評価されるならば、我々日本人の誇りになる。（Ticad：アフリカ開発会議を横浜で第7回の会合を行っている。アフリカへの援助は日本らしい援助である、しか

し今や中国などがここでも押し気味ではある。彼らは「雇用なき民主主義に失望」（日経、2022年8月26日）しているのであろうか！グローバル・サウスということばも勢いを増している。

では、アジアではどうだろうか。なぜ「東アジア共同体」やASEANの構想が進展しなかったのかが問題になってくる。2006年ごろには、経済同友会も「アジア共同体」の実現に向けて提言をまとめている。上記のごとく「岩波新書版」の本も出されていることは「まえがき」にも既に書いた。しかし今日では、安全保障面からの共同体が、さらに考えることとして前面に出てきていると言えよう。

この変化の疑問に答えるため、再び先の金教授の説明を参考にさせてもらい、共通の認識にしたい。

第1に、複雑な、日中韓の関係がある。この3国には、北朝鮮という核開発に熱心な独裁国家もあり、地域の連合や機構の構築は遅れている。その訳は、更に言えば、歴史問題、領土問題、北朝鮮の核とミサイルなど根深い問題を抱えているからである。

そのため今なお、否、今こそまさに厳しく、ぎくしゃくした関係が続いている。アメリカも仲裁に乗り出しては又やめたりの繰り返しを強いられているようだ。リーマンショック（2008年）や民主党と共和党の交代もややこしさを加えている。

地政学的三角関係には日米中、米中ロ、米中露に日中韓の４つがある。一時は６カ国協議も行われた、しかし成果は何も上らなかった。したがって最後の関係が一番扱いにくいのではないかと思う。

　日韓の対立はその中でも「世界的に有名」になってきた。南北朝鮮の統一を一番嫌うのは、意外にも中国である。中国は北朝鮮という戦略的緩衝地帯を失ってしまうからである。南の政権も北との距離のとり方で人気が決まる。

　第２に、日本国内にも、「共同体」反対論者がいることも無視できない。中国を脅威と考え、日米安全保障条約を強固にする声に政府も押された政策を立案している。国民も現実を重視する。当然、政府内、企業内には親中派の人もいる。

　企業活動で儲かれば親中を推進することに熱心で、政治は二の次だというのであろう。普通の国民は、あまりにも声を出さない。明確にその立場を語らないのは、日本人全体であるが、メディアもできれば中立を守り金儲けさえできれば良い、という人もいるのだろう。（世界に、「曖昧戦術」が広がっているようでもある！）

　中国も、独自の「一帯一路」「連携の動き」を着々と進めると同時に、米国への睨みに抜け穴がないか、陸上だけでなく海洋に出て行くことにも熱を入れているように見える。中国は今や世界

の約束事を無視して「覇権主義」に走り出している。

　事実、南シナ海では国際法を無視した中国の行動に世界中警戒の度をあげている。これを見て、米国のみならず、ついにオーストラリア、EUも反発して強靭に動き出している。イギリスの熱心さには目を見はる。自由で開かれた「インド太平洋」の考え方が欧州にも定着しつつある。

　韓国は、もっと複雑である。朝鮮半島は、中国と日本の間にあり、歴史上、何度も戦いの場になってきた歴史がある。その上、北朝鮮という共産主義独裁国家の存在がある。この民族の南北での分断は世界の歪みの犠牲者であり、東西対立の縮図であるとも言えよう。ドイツやヴェトナムは甚大な人的犠牲を払って、長い忍耐と、他の世界の人々の声や力のおかげでやっと統一された。2022年には、東西ドイツの融合に尽力した、ゴルバチョフも死去した。（ソ連邦を崩壊させた男、という人もいるが、筆者は賛同しない。）

　日本は、1945年8月から9月にかけて北海道を、ソ連邦が占領していたら今どうなっていたのかと考えると、ゾットする。安倍晋三氏も、この問題に力を入れていたが、別の理由で暗殺された。（'22年7月）今日、北方四島の問題での、日本の希望は完全に失われた！

しかもこの長い交渉をもってしても北方領土返還の難しさを考えると国際問題、二国間関係を解決するのは難しく、つい絶望感に襲われる。さらに、2022年2月24日、ロシアのウクライナ侵攻があり、世界戦争さえ危惧される中、日本は、G7の一員として、行動している。するとロシアは、すぐに、日本を敵対国だと告げ、前述の問題は存在しないと明言した。日ソ交渉の歴史は長いが、その会議の断切は突然の停電の如くであった。

　さて、この韓半島の南北統一はいつ、どのような形で成立するのか、その迫真のシナリオを書ける人は国際政治学者の中にもいないのではないだろうか？筆者にも、なんら自信はないが、予言的にあえて一般論を言えば、「より国民のためになる方が、最後には統一することになるだろうとしか言えない。」いい考えなど出てこない。核の力で統一すると明言する人もいるが……。（茂木誠著『日本人が知るべき東アジアの地政学』、第3章「統一朝鮮（韓国北朝鮮）の戦略)

　困難は道ではあるが、東アジアの平和と安定を考えると、なんらかの共同体を作るしか安定への道はないだろう、と先に引用した金教授も述べている。前述の東アジア構想の再出発である。それにはすでに、文化、社会、経済のレベルで多くの人々の交流が

ある。中国は世界第2位、日本は3位、韓国は15位の経済規模（GDP）を誇る。貿易がないと経済がなり立たなくなっているのに、政治がそれに追いついていない、との指摘がなされている。「東アジアのパラドックス」と言えば何か解決した気もする。しかし、現実においては、経済交流は進みやすいが、政治的和解は進展しない。何も前進しない！また一進一退を繰り返す。

　その通りであろう。しかし、今は、中国の「覇権主義」のせいで、すべてはこの覇権主義に押され、夢物語化している、と筆者は考える。中国は米国を抜くこと、軍事、経済で覇権を握ることのみ意識している。これが無理であるから余計に彼らを無理押しさせるし、周りの弱者に恫喝もする。こうした中では、『東アジア共同体』の構想も無理に実現しない方がいいのではないかと思う。「共通の基盤」がヨーロッパと異なり、アジアには欠けている。これは極めて重要なテーマであり、共に考えていく必要があろう！

　第一に、中国は世界各国からの信頼がそれほどない。第二に、二酸化炭素の排出量は、世界1位である。中国の国民は、文字道理、「いい空気を」吸いたいと言っている！その上、人権派の人々は抑圧されている！共産主義とはそういうものかと改めて確認しておくことが精神的には楽になる。

さらに、日本人が犠牲になった北朝鮮の拉致問題は、長年、世界に訴えているが、一向に解決に至らない。北朝鮮の核開発、ミサイル開発を中心にした攻撃的な政策が、いつも現実の国際問題になっていて人々は重苦しい。国連の制裁は、皮肉にも北の国民には飢饉を与え、生存の苦しみのみになって跳ね返る。日本政府の言う、「前提条件なしの話し合い」にも、相手（北）が応じない。２回にわたる北朝鮮と米国の会談も突如、中断されたままになった。今の事態をどうすればいいのか。核兵器は、カダフィ大佐の例からも、金政権は絶対に手放さないだろう。今は世界が英知をもって考える力を養い育てる時である。

　さて次に、北岡伸一東大名誉教授の、「日本の外交政策」についての最近の論説（読売、2020年11月1日）を紹介したい。ここで刮目すべきなのは、旧来の「東アジア共同体」構想に代わり、「自由で開かれたインド太平洋戦略」というキーワードが出現している点である。この言葉は、故安倍首相がいい出したという説もあるが……。さらにJICA（国際協力機構）理事長として活躍された同氏は「戦略」を「構想」と改題し、その上に立って日本の生命線を探求されている。
　「太平洋連合」（PU）とは、西太平洋連合（WPU）とASEAN諸

国との間につくり、そこへさらに豪州、ニュージーランド、大洋州諸国をも加える。これはいわゆる良識派の構想といえよう。

　WPUの原則は、2008年に発効したASEAN憲章に則ることが良いとも、北岡教授は、具体的に述べている。すなわち：1.独立と主権の尊重、2.法の支配、民主主義の原則の支持、3.基本的自由と人権の尊重、4.国連憲章、国際法、国際人道法の支持などを掲げる。

　この構想（戦略という名前を変えようという）は、東アジアという、地理や地形だけにこだわらないことが特徴である。メンバーとしては、まず中国は「入れない」。現在の中国の行動を見る限り、ふさわしくない。アメリカも入らない。北朝鮮はもちろん韓国も今のままでは入れない。これは、地域の枠にそれほどこだわらずに、しかも緩やかな連合を目指すのが、肝心で目標でもある案である。私見では、この案は現状認識に立ち、良識的な構想だと、思う。しかしアメリカなしで、中国の無理押しの政策の現実をみると実現は難しい。また運動の主体はどこかも問題になると思う。

　ここでは、「東アジア共同体」から、「インド太平洋構想」へと「世の常識」がここ5、6年（21世紀初めから）ぐらいで変わっ

て来ている点に注目しておきたい。前者を「かなめ」にして後者の議論をふくらましつつ、固めていくことが今後必要であろう。

　それにしても、まず日韓中の良好な関係を打ちたてることが、特に必要である。しかし残念ながら、これが本当に困難な仕事である。その複雑さ、難しさを思えば、相手を「無礼だ」と叫び、常識的な外交政策を述べることさえ恥じられる。もうこれらの国々とは相互に交渉相手にしない！という声も聞かれるほどになっているのである。

　我々が、以下の第1章、第2章、さらに第3章で、これらの国々の、思考法、集団心性そのものにも取り組もうとするのは、この厳しい政治の現実に、いわば「裏口から近づき」、偶然にせよ良い答えや、話し合いの糸口が見出せるかも知れないと思うからである。

　第3章で、『台湾』『尖閣諸島』問題を扱うのは、中国の姿勢からも、現在まさに日本の安全や国際的な価値観からしても、非常に大切な地域であり、日本の価値観を鍛えるチャンスであるからである。
「圧倒的な軍事力による現状変更の時代」は、不条理さ、無理難題の押しつけのことや、東アジアの人々の平和や国民の生活を破

壊する方向につながるからであり、日本の近くでも起こることでも、決して知らぬふりができないからである。日米関係は、今まで以上に大切になってきている。

2021年4月16日、バイデン・菅会談で、1969年以来で初めて、「台湾」が議題となった。「台湾海峡」が世界の注目を集めているし、この重い問題に対して、EU、イギリス、オーストラリアなど世界の主だった国も関心を持ち、動いていると感じたのは筆者自身も驚きであった。

時代や歴史観は、変わり得るものである。1972年に米中、中日の関係が激変して、それ以降、しばらくは東アジアには平安があったが、ここ数年は、繰り返すが、激しい不安定期に入った。我々としても、貿易によって東アジアの中だけでは生きられないときに入ってきている。意識を持たねばならない。

米ソ冷戦が終わり、新冷戦が始まったとも言える。複雑なのは、ロシアがやはり中国の側につく、またつくふりをすることである。すでに「上海協力機構SCO」を形成して、互いに頼りにしあってもいる！かつての日露戦争前後においても、「密約」をして日本の進出を妨害した。^(注11)

歴史ではよく似たような紛争が繰り返されるものである。中国（中共政府）の無理押しを受けた世界は急に目覚めてきたようだ。人権無視（ウィグル問題）にはEUは特に敏感になったのである。つまり、経済・貿易だけで人はついてこないことを示している。

　さらに咋今、尖閣諸島あたりでの日中の船舶のせめぎ合いを見るにつけ、福澤諭吉らが直面した、明治期の「国権論」と「民権論」の対立が、現在また、身に迫ってくるのを感じる。

　果たして、我が国は、貿易上の損得のみに気を使い、あとは曖昧にしたまま、何と無く生きていくことができるのか。それで良いのかもしれない気もする。なぜならグローバリズムの中で相手を変えて交流していければいいからである。あまりにも不安定な世界になっているからである！さらに、ナショナリズムで行こうと、いう人も出ている。正直に言えば、「ナショナリズム（国民主義）と資本主義は相性が良いから」（三橋貴明）でもある。グローバリズムは一部の人々の為だけかも知れない。

　価値観の根本は一体何からできているかを、世界中の出来事から探求し学ぶことが大切である。例えば今、英国、フランス、ドイツもはるばる軍艦、空母群を極東へ派遣してくる。彼らもこの「東アジア」の出来事に注意を払っている！しかも西欧の価値観を捨ててやってくるのではない！経済的な必要からだでは正確な

答えではない。アジアとアフリカ、南米にも学ぶべきことがある
に違いない！

　2020年当初より、新型コロナの感染拡大で世界中が苦労を強
いられ、深刻な経済状態にもなっている。コロナ後の経済危機や
グローバリズムの在り方やその良し悪しも考えておくことが求め
られる。今後は国民全体が個々の生き方と国家の安全をも問い直
し、実態にあった思考をする必要もあろう。

　最後の第4と第5章では、日本の今日での進むべき方向を探る。
この世界内（東アジア、世界）で揺るがぬ個人の態度と良識ある
国家の姿勢について調べてみたい。情報を集め、過去の経験則を
調べて、筆者なりに考えまとめた上で、提示できればと思う。福
澤の時代以上に今日は、物事は複雑であるが、通信手段も倍増し
ている。いや、オンライン形式で瞬時に政治・経済のトップが話
ができる今日である。

　EUなどの先進国と東アジアの関係の現状を見つめ直すことも
改めて大切になってきている。G7の枠組みも再検討の時期に来
ている。G7にプラス・アルファーの考え方は、すでに今までに
もすでに実施されてきた。しかし、失敗に終わった以前とは各国

の影響力は変化している。

　国連の役割についても、否定的な考えの人が増えたが、気候変動の問題など人類の将来に関連する部門や持続可能性（SDGs）の問題も国連の枠で進んでいる。欠点はあるが簡単には、国連の存在を軽視したりしないで、日本は常任理事国としてその改善に忍耐強く取り組む必要があろう。

　この国連の組織に関して、日本も常任理事国入りを果して、改善に取り組もうとしてきたが、たしかに中ロの拒否権でしばしば頓挫している。拒否権の問題だけで全てを諦めずに、常任理事国を増やし、国連の組織改善に取り組んでいく価値は大いにあるだろう。国連の全体会議やさらに国連のたくさんある「下部組織」において活動し、そこで良識を持って働き、世界に向かい良識の力を味方につけるのが日本人の良い生き方ではないかと思う。もっと多くの日本の若者が国連職員になることもよい。これも以前から提言があり、今後も考えたい。

　さて以下で、この長い「**序章**」で提示してきたこれらの問題に取り組み、波高い海原で、日本の良い立ち位置を定めたい。そして適切な場所に錨を下せるよう努力したい。

(注1)　伊勢氏の文章。chttp://blog.jog-net.jp/

(注2)　ロシアと日本のことについては、今回は以下のことを述べるにとどめ、この拙著の中心議題にはしないつもりである。

つまり、本論はアジアと西欧を中心にして扱い、ロシアの問題を正面からは扱わない。今日での日本の立場設定の際にも、北側からいつも日本を悩ましてきた国であり、極めて重要ではあるが今回は考慮に入っていない理由（筆者の能力の限界の以外で）を以下で記しておきたい。

まず、ロシアには極東連邦管区はあるが、国全体は果たしてアジアに属するのか、というのが素朴な疑問である。次に、外交では、19世紀以来、日本では幕末以来、英国との「グレイト・ゲーム」を演じてきた大国であることに間違いない。現下も、本文に述べるようにウクライナで侵略戦争を引き起こし、全世界を悩ませている。核使用の心配もあり、国際的にも人々は気を使っている。ロシアの特徴について、私見を述べておこう。

ロシアは幕末から日本への南下政策をとって、いい不凍港を確保しつつ、日本を狙ってきた国でもある。北海道や対馬を獲ろうとしたこともある。

1941年の「日ソ中立条約」締結などは、独ソ戦に集中するためのもので、いつ破るかが、向こう側（スターリン）の頭にはあっただけのことを松岡外相はどこまで考えたのかと問いたい。さらに戦後の無法な領土獲得や捕虜抑留もある。そのために多くの優秀な人材がなくなった。国民感情として、決していい国とは言えない！日本人はロシア嫌いの国民と言える。

北方領土問題を解決して平和条約を結ぶのが、わが国の基本方針であったが、これも一向に進まなかった。日本は今も経済協力を引き出して、騙され続けている国とも言える。ウクライナ問題で日本が敵に回ったと知るや、直ちにこの領土問題はもう存在しないことにする！と断言してきた。これが、いつものロシアの手である！領土拡大への願いが心底に染み込んでいる国であると思う。

藤和彦著『国益から見たロシア入門、(PHP新書、2017) という良書があるのも理由の一つである。「シベリア出兵」の扱いの小ささは反省させられる点ではある。目下、サハリンの天然ガス開発から手を引くかどうかが、関連した2商社や岸田政権の悩みになっている。向こう側から、企業

の支配権をロシアに移す、つまり突然国有化する、と大統領令を出してき
た。つまり、この国との交流や政策は次からはない！と言いたい。今後は、
実態を見ていくのがよい。しかし本書でさらに扱うには、筆者の手に負え
ない問題ばかりである。商社と経産省は日本にとって国益上の損をしない
ように、相手と周りを、さらに、未来をよく観察して頑張って良い回答を
出してほしいものである。

（注3） 山岡純一郎『後藤新平、日本の羅針盤となった男』（2007、草思社）

（注4） 後藤新平『世界認識』の中で、特に「厳島夜話」p.97以下（2010、藤
原書店）。伊藤博文との対話で、ロシアの宰相ココフツオフと会う段取り
をすると約束した。

（注5） レイモンド・モリゾー著、熊澤一衛訳、『ヴォルテールの現代性』（2008、
三恵社）

（注6） 渡辺利夫『決定版・脱亜論、今こそ明治維新のリアリズムに学べ』（育
鵬社、2018）。

（注7） 小浜逸郎『日本の七人の思想家』（幻冬社、2012）
なお、『文明論之概略』（岩波文庫p.304）が出た1875年には「樺太・
千島交換条約」が結ばれている。特命全権大使には榎本武揚がなる。この
任務は福澤の推挙による。また、樺太放棄の方針には、英国の知恵も働い
ていた。ロシアの太平洋に出る道を塞ぐと言う意図があったのかどうかわ
からないが、現在にもつながる問題である。
福澤は勝海舟と榎本武揚の明治政府下での関わりについて、晩年になっ
て、後者2名の生き方に文句をつけたがこれは感心しないことだと思う。

（注8） 福澤、同上書、第10章『自国の独立を論ず』

（注9） 谷口　誠著『東アジア共同体』（岩波新書、2004）

（注10） 茂木誠『米中激突の地政学』（ワック、2021）

（注11） 露清密約（1896.6.3）が例である。日本がロシアと清のいずれかで侵攻

したら互いに防衛のため参戦する。ロシアの満州権益も大幅に認める。

[参考書]

『東アジア共同体とは何か』（2005.10.1　日本総研）

『東アジア共同体実現に向けての提言』（2006.3 経済同友会）

中西輝政『覇権から見た世界史の教訓』（PHP 文庫、2021）

園田茂人『アジアの国民感情』（中公新書、2020）

渡辺利夫『脱亜論』（育鵬社、2018）

堺屋太一『日本の盛衰』（PHP 新書、2002）

添谷芳秀『日本の「ミドルパワー」外交』（ちくま新書、2005）

金鳳珍「『日本、中国、韓国』の関係から東アジア共同体を考える」（北九州私
　　　立大学教授、Net）

北岡伸一『日本の外交政策』（読売新聞, 2020.11.1）

同上『世界地図をよみなおす　協力と均衡の地政学』（新潮社、2019）

藤井厳喜『国連の正体』（ダイレクト出版、2020.5）

三橋貴明『日本の没落を望む 7 人の反日主義者』（経営科学出版、2020）

1章

日韓関係

「はじめに」

「まえがき」で述べたように、谷口誠氏の『東アジア共同体』は2004年の刊行である。

「経済統合のゆくえと日本」という副題を掲げもっていて、当時としては希望に満ちた書であっただろう。裏表紙にはこうも書いてある。

「日中韓にアセアン諸国を加えた東アジアは、米国、欧州連合とともに世界経済の三極をなしている。この地に経済連合さらには共同体を構築する声が今、なぜ高まっているのか。それはどうすれば実現でき、そのために日本は何をすべきなのか。」当時のこの筆者と関係者の熱気が伝わる。

　地政学的には、日本は、海洋国家、中国は大陸国家、韓国は、半島国家であり今でも南北に分かれ、休戦状態のまま対立を続け、立場の極端な違いで苦労している。しかし外から見れば、南の方が経済的には発展している。しかも中国が、経済的に実力をメキメキと上げ、また相対的に、米国の力が少し弱ってきたという変

化が、韓半島の外からも影響を与えている。日本は、バブル崩壊後のデフレ状態からの脱出に苦労している。「アベノミクス」という政策で対応しているが、その第3の矢と言われる、技術面のイノベーションがなかなか伴わない。2023年になっても、金融緩和策のみで、デフレからの出口が見えない状態である。

2007年には、進藤榮一氏は、EUと台頭する中国を念頭において「東アジア共同体」をつくり上げる道をさらに追求している。^(注1)

以下、筆者なりに日本にとって関心を引く主な東アジア各国の実情に触れて東アジアの経済や政治の実体に接近していくことにしたい。まずは、韓国である。

韓国では、5年ぶりに保守政権（2022年、5月10日）、が発足した。尹錫悦大統領が、選出され就任したところである。いつものように新大統領は、日韓関係が大切であり、関係改善をすると述べる。そう言えば、文在寅政権の5年間は、日韓関係は最悪のものであった。バイデン米大統領も訪韓し、その後、来日した（5月22日）。韓国としては、重視されていると思うかも知れないが、米国の本音は日韓関係の悪さが安保上心配なので米国側が先に訪問したのであろう。

さて、韓国の大統領には、「親日」の気持ちを持って出発し、

だんだんと「反日」になり、「克日」（全斗煥）で終わる人が多いという印象が我々にはある。また、任期満了とともに、逮捕・監禁される人も多い。これは一体なぜだろうか。こう書いている最中にも、すでに、文在寅前大統領への検察の調べが始まっているようだ。

『日経』（2020、10、29）の記事を敢えて真似て書けば、「犯罪捜査権を独占する検察は、政権と浅い波を揃える傾向がある。」と言えるからである。この検察の権力の大きさは時々韓国政治では指摘される。大統領の権力も強く、まわりの人々は「国軍の統帥権や行政の人事権を含む強大な権力の集中がある。」とも言う。今回のユン氏は元最高検事総長で、捜査資料は十分に持っているはずである。

　私見を述べると、上記の出来事、日韓関係悪化は、まず感情の浮き沈みが激しい相手側の「国民性」の影響ではないだろうかと思う。この傾向はいい面では、芸術、特に音楽に現われている。その激しさは時に、人の心を打つ良い作品を生むことにもなる。「アリラン」から最近の韓流ドラマや、K-POP までがその反映である。しかし、アリラン峠は、誠に、「越しがたい。」ものである。

　政治的に見ると、特に 21 世紀の政治的、または「時事問題」

に限っていえば、この激しい性向が悪い方向へと向かっている場合がある。しかも国際政治問題や日韓関係を悪い方に向けているだけでなく、時に韓国自身の国際的信用をもなくしているように見える。アジア通貨危機の際にはIMFからも、相手にされなかったのを思い出す。

　日韓関係（従軍慰安婦、徴用工、竹島・独島）においては、試練がいつまでも続いている。幸いこれらの問題を中心にした良書が最近、四冊も出た。その内容を^(注2)簡単に記し、その後で、一人の大統領の浮沈を追ってみたい。

　すなわち、李大統領のケース（08〜13）を例として取り上げ、国民の期待と失望とを述べ、その原因を筆者なりに考察してみたい。

「李明博大統領」

　李明博氏は1941年12月19日、現大阪市平野区で生まれた。多くの朝鮮人と同じく、日本統治下の「犠牲」者（と必ず韓国人は言う）であるとも言える。日本敗戦後は、「在日」になる道を選ばず、李家族一同は、帰国した。慶尚北道の出身である。

「朝鮮へ引き揚げた。苦学して大学を卒業して当時草創期にあった現代グループの現代建設に入社し、頭角を現して36歳で社長

に就任する。」（Wiki より）

　朝鮮戦争の時期はどう生きたのか、よくはわからないが、当然
ながら、並々でない苦労を味わったことと想像される。この後、
さらに苦学をして、ビジネス界での競争を生き抜き、成功の経験
を重ねて後、ソウル市長を経て政界入りした。

　第17代、韓国大統領（2008.2.25–2013.2.24）になった時には、
経済復興や、格差是正の夢を人々から任された。彼自身も人々の
期待に応える気持ちがあったに違いない。人々はこの企業経営者
に経済復興の希望を託したに違いない。金大中、盧武鉉の左派政
治は、10年間の苦心の結果、北朝鮮との関係で緊張緩和をもた
らしたかも知れないが、それは、必ずしも国民の希望ではなかっ
たのであろう。ただ右派と左派の政権交代のあるのは、日本人か
ら見ると理想的政治でもある。

　事実、李明博大統領は、「七四七ビジョン」を打ち上げて保守
の側から大いに期待された。朝鮮半島を横切る大運河計画も注目
された。

　しかし、現代韓国史の専門家、文京洙によるとこの大統領の立
場は次のように変化していった。「経済再建への期待もあり発足
直後の支持率は80％近くに達したが、そのことによる李明博政
権の驕りや侮りとしか言えないような、権威的な政策運営や政府
要職の情実人事が目立った。」[注3]

我々日本人には注目したいことが一つ鮮やかに残っている。この大統領は東日本大震災（2011年3月11日）の際には、その被災地を訪れ、深い同情を表明したのである。黙々と困難に耐える日本国民を讃えることもした。「中韓首脳が被災地で黙祷。菅氏と福島も訪問した」と新聞に取り上げられた。（2011年、5月21日）事実、中国の温家宝首相もほぼ同じ頃訪日して、献花と黙祷をした。さらに日本とは「戦略的友好関係」であると中国側の立場を表明した。「戦略的」と加えるところが、我々とは違うが、日中韓の代表三者が日本で出会ったことは、注目される。

　5月22日には、日中韓の首脳会談が行われた。ここから良好な関係が開けるだろうと普通は思うし、筆者も期待をした。その後、10年が経過して現在のように悪化した日中韓3カ国関係を、一体誰が予想しただろうか。一体これはどうして生じたのであろうか！この点をしっかりと確かめねばならない。

　他方、2008年の四川大地震の際には、李大統領は被災地を訪れ、これが両国の関係改善に大いに役立ったそうである。しかし、時代の変化が急激すぎるのか、対中国との根本政策の違いなのか、李大統領は、日本から帰国後しばらくして、一体どうしてなのか、竹島に上陸し、天皇は来韓し過去の謝罪をすべきだと述べたので

ある。人気の低落は経済情勢によるのか、身から出た錆によるのかもよくはわからない。とにかく、この行動（人気取り）によって支持率は一時的に、20％も上がった。皮肉にも、反日を掲げると支持率が上がる国のようである。

しかし経済の停滞は韓国一国では如何ともできなかった。当時、各国がそれぞれリーマンショックの影響を受けて苦しんでいたのである。

次の、朴槿恵（2013-2017）大統領は、就任当初から反日を掲げた。「加害者と被害者という歴史的立場は千年の歴史が流れても変わらない。」と言って歴史問題を持ち出した。しかも就任後まず中国に行き、習近平主席に会い、安重根記念館の建造を懇願した。しかもそれが習氏に快諾されたのである。イデオロギーの違いよりは、ともに反日国家の面で一致したのであろうか。または、両国は経済、貿易上の利害が一致していたのであろう。

父・朴正煕の日本政府からの賠償金（8億ドル）による経済復興（1965年の日韓基本条約調印により国交正常化がなり、賠償金を得て「漢江の奇跡」が起こる）のことは彼女の口からは一度も語られることはなかった。（まさか忘れたのではなかろう）。「千年たっても支配されたものの感情は消えない。何をしてもらっても、まだ足りない」と述べると韓国では不思議にも人気が出るよ

うである。^{(注4)(注5)}

　しかし、大型旅客船セオル号の沈没（2014年4月16日）に対しての不手際や財閥からの収賄、それに不思議なアドバイザーの存在があって、国民の激しい怒りを正面から受けて、職を途中で辞さざるを得なかった。辞任後、罪を問われ刑務所へと行く。よくあるケースである。そしてさらに最近、恩赦によって釈放されたと伝わる。

　左派の文在寅政権（任期は2017-2022）になって、この朴槿恵元大統領と李明博元大統領とが相次いで逮捕された。（2018年3月）後者の罪の追求は、実際に行われたとしても時間がかなり経っていることに対して行われた。よほど時間をかけて捜査したのだろうか。この点も不思議である。

　盧武鉉、元大統領の件では、文大統領自身の恩師でもある人を取り調べて、自死に追い込んだ李元大統領への「報復」とも言われる。北朝鮮への援助を打ち切り、10年近い対北政策を無駄にしたこと、特に、韓国哨戒艦「天安」沈没事件を、「北朝鮮の軍事介入」と断定して、南北関係を悪化させたこと、これらが重なり、文在寅大統領の目指す道（対北融和）を塞いだことがこの逮捕の根底にあるのではないかとも言われる。

　最高裁は、2021年10月、懲役18年の刑（収賄と横領）を決

め、78歳の元大統領を再収監した。一方の朴槿恵元大統領は上述に如く 2021 年末、特別恩赦で釈放された。これには健康上の問題もあるという。（2022 年 3 月、退院し自宅に戻った、と報じられている。）

　それにしても、『恨』の情念の強さ（しかもこのハンは日本語の恨みだけではないようだ）には、今更のように驚くとともに、この国とは付き合い方が難しい！と改めて思う。反日と言っては国内の人気を取り、「隣国」に近寄ってもくる。最近日本では、もういちいち何も反応しないほうが良いという世論が形成されつつあるが……。強制徴用工問題をめぐっては、国際法違反（主権免除）の最高裁判所判決までも出ているから、もう相手にしない方が良いのかもしれない。

　ここですでに、筆者は、旧著『歴史に向き合う』（第 7 章）でも試みたが、再び日韓の近代歴史を改めて、しかも少しは新たな観点からみる事にしたい。

　できれば、「反日」感情の出所、根幹を確認して、その「塊」（かたまり）を少しでも砕いて、和らげたいものである。しかしこれは容易な仕事ではない！拳骨隆史氏の本（「はじめに」、p.5、参考書の欄）に書かれているように、「「反日」中韓 2000 年を通観することで、反日思想はいつ、どのようにして芽生え、そして私

たちの祖先はどのようにしてこれを超克してきたかを明らかにすることに」繋がる仕事である。つまりは長い歴史が関係するが故に、容易ではないのである。次の項目では時代を少しだけ遡ってみよう。

「韓半島 ― 征韓論と対馬藩」

　明治の初め、ヨーローパ勢（まず米国、つぎに英国）と対決する時代に直面した日本は、鎖国から開国へ、そして「近代化」を急ぎつつあった時に韓半島の問題にも新ためて出会った。そしていかに韓半島の人々と接し諸問題に対処するかを問われた。この点を最初に見ていきたい。

　それ以前の時代については、先の拙著の2冊でも少し触れているし、さらに古代まで遡っていては、本書の目標が、焦点が定まらず、ただ膨大なものになってしまう。本書の焦点が定まらなくなる上、そのような歴史を正しく見渡す能力も、残念ながら筆者は持ち合わせていない。

　明治時代に、すでに今日以上に韓国や、朝鮮半島と我が国とが直接どう交流するか、そして同時に、背後に陣取っている西欧（ロシアも当然の如く存在していた）とどう関わるかは、すでに複雑でしかも難しい問題であった。結論的に先に言えば、日本にとっ

て「緩衝」（buffer）に、韓半島が他国の圧力に対しての「防波堤」になってほしいという、自己防御心理が、為政者たちに通底していたのではなかろうか、と思う。

また、秀吉の朝鮮への出兵は2度に（1597-98）もわたり、これが悪い影響を、朝鮮の人々に残しているも当然である。今日でも悪影響を残している。これは日本人にとっても千年に渡っても残る暴挙であった！

秀吉の考えは日本国内でも当時大変な混乱をもたらした。30万もの兵が、秀吉の命令で対馬にまずやって来た。島民は食料を欠き食えなくなったという。この戦争は最後に大国、明と戦うものであったが、ほとんどは朝鮮半島を荒らし回っただけの数々の戦闘で多くの死者を出し空しく終わった。

次の権力者、徳川家康は、悪化していた日朝関係の回復に努めた。対馬藩が、両国の間に立って12回もの朝鮮通信使の世話をした。その代わりに、藩は日朝貿易の権利を得て、釜山に倭館を建てて繁栄もした。「相手の利益も考えてこその政治」であった。

日本政府は次に明治維新のことを知らせる「書契」をこの南端の出先機関に送ろうとした。しかし先方はこれさえ受け取らない。高宗の父、大院君は開国に反対し、相手側政府に対して日本側も、

だんだんと攻撃的になっていくことになる。ついには征韓論が出て来る始末である。一方、朝鮮王朝は鎖国を守り、清の属国であることを続ける両班たちもその方を願っていた。他方日本は、富国強兵の道を進むことにしてだんだんと相手を軽んじていくことになる。

　さてそれから100年後、南朝鮮の混乱をついて、北が侵入、朝鮮戦争が起こる。米軍も参入、ロシアも空軍を出し、中共軍も大挙して介入してきた。結局は、38度線を休戦ラインとして、軍事境界線を引いた。現在はあくまで休戦中である。この両側に南北朝鮮が厳しく対立、わずかの軍事緩衝地帯を設けてすでに70年間対峙している。今日も「終戦」にする試みはあるが、核の問題が話し合いを困難にしているし、誰しも南側の文大統領を相手にしないようだ。日本の論客の評価も分かれている。
　半島は緊張を孕む面倒な地帯になってしまった。この38度線を越えること、また消滅させるには、「東西のベルリンの壁」「南北ヴェトナムの対立」をなくするにも等しい苦労がいる。一方、日本も、緩衝地帯として、朝鮮半島を必要としてきたし、今も昔も必要としていることに変わりはない。その向こうには中国が常に存在している。ロシアも南下をする準備をしている。この点、今流行の「地政学」は知恵を与えてくれると思う。

日本は、近現代まで中国（清）とロシアという大国とは、出来るだけ直接には対峙をしないようにきたのである。当時、日本は世界の背後にある覇権国、「英国とロシアの覇権争い」に巻き込まれながら、用心しつつも、英国を選んできた。

　英国からは技術を学び、戦艦を買って、清の北洋艦隊にも勝ち、陸上戦でも犠牲を払いながら日清戦争には辛勝する。さらに日露戦争には全国民の力とユダヤ資本の援助で勝ったが、終戦のときには残る力はほとんどなかったと言っていい。その後、日本の置かれた位置は、今日の状況に余りにもよく似てくる。

　すなわち当時の覇権国の間でどう振る舞い、どう生き抜くのが一番賢明かを探る！ことになる。本書のテーマもこの辺りにある。

　日本側の奮闘によって旅順は確保したが、その向こうにはいつもロシアが陣取っていて後に引かない。日本は恐ろしい袋小路へと徐々にはまって行ったのであろうか。この時、後藤新平の説いたように（伊藤博文への手紙での訴え）、なんとか出口を探して止まり、旅順で足場を固めること、「熟慮」や「忍耐力」がもう少し必要であったのではないかと筆者は今日考えている。

　しかし結論は、言い換えれば、その出口、突破口こそ満州への鉄道敷設と進出の道であった。しかも米国を参入させずに！これが間違いではなかったのかと考えている。

　日本の行き先すなわち満州が、それこそ清の属国に甘んじて来

たところなのを忘れていたのだろうか。同時に、絶えず南下する
ロシア（しかも着々とシベリア鉄道を延ばしていた）の圧力を受
けている土地に単独で入って行くという意識が余りにも欠けてい
たのだろうか。実際、「ノモンハン事件」で対決して見て、その相
手国であるロシアの強靭さ（戦車など）を知らされた若い軍人た
ちもいた！責任者たちは責任感に欠けていたことは今日では常識
である。

　いずれにせよ、朝鮮半島をいかに安定させるかは、長い間の日
本の政治的懸案であったのである。日清・日露の戦争もその強迫
観念の中で勃発したのである。日本の奮闘によって道は塞がれて
はしまわなかった。同時にその先は、決して見晴らしが良くなっ
たのではない。対華21カ条要求は失敗であった。1931年になっ
て、松岡洋右は『東亜全局の動揺』を書き、不安を大いに残して
いた。同書はGHQが没収していたが、近年再版されたので検討
し直してみる必要があろう。(注6)

　さて再び時代を遡ると朝鮮半島では、金玉均（1851–1894）
らが、この半島で「朝鮮の近代化」を目指していた。彼は李氏王
朝時代後期の開明派の官僚、政治家であった。金は朴泳孝らとと
もに、1884年に「甲申政変」を企てたが、大院君の政権が清の

応援を依頼したために、その外国軍隊の力のために失敗した。

　その後、彼は10年間日本に亡命していた。その間、福澤諭吉らの世話にもなっていた。滞日中、日本の近代化の実態も研究している。しかし朝鮮で実権を握った高宗の妃、閔妃の謀略にかかった。1894年3月28日、金玉均は上海に呼ばれて政治について話そうという陰謀にかかり、暗殺された。遺体は「凌遅の刑」に処された。実父も10年の刑の後、銃殺刑、母と妹は事変の後、毒を煽って自裁した。恐ろしい刑を科する点もこの国の特徴の一つでもある。

　当然、清の李鴻章がこの謀りごと、事件の背後にはいた。金玉均暗殺から、福澤の『脱亜論』、日清戦争への道は、渡辺利夫氏の筆が情熱を込めて見事に捉えていることはすでに述べた。(『脱亜論』、2、3、4、)

『脱亜論』とその後

　ところで、金玉均は、大韓帝国、大清帝国と第日本帝国の三極同盟で、東アジアがまとまり、欧米列強に立ち向かうという構想をもっていたが、この政変の後、帝国の近代化構想は消え去った。日本は、福澤諭吉を中心に、やはりこの半島に防波堤（Bulwark）

作りを考えていた。この気持ちは伊藤博文も共有していたし、今も日本人の心の底には残っているのではないだろうか。

　たとえ話しであるが、北による統一が、半島でなされるとすれば、日本人はこころ穏やかではおられないだろう。

　前述のように、昔から何とかして半島に緩衝地帯を作り、直接には、時の大国（清、やロシア）と直接には接触をしないように考えてきたのではなかろうか。今もこの点で日本政治の根幹は変わっていないのではなかろうか。向こうが（マスコミでは、お隣さん、という）、極端な反日になるが、日本人にはどうも理解し切れていないので、ついどこか投げやりな態度になってしまう。そこで隣国は、日本のすることが全て気に入らないとなる。

　最近（2020年）では、戦時中の、慰安婦問題、徴用工の裁判問題で両国は最悪の関係になっている。過去の賠償やその際の宣言、国際法の「主権免除」の原則らを無視するので、日本はもう相手にもしていないという現状になる。

　日本は韓半島の独立も否定していなかったはずであり、そう考えた政治家（伊藤博文ら）も存在していたはずである。伊藤は、しかしその時期が、やや早いとは見ていたようだ。

　今はやりの言葉でいえば、中国と半島の国とをデカップリング（切り離す）しようとしたこともある。清の属国である李王朝の

ことが日本も気になって仕方がなかった証拠である。

　その後は、清の干渉やロシアの執拗な南下と進出にあって我が国は朝鮮半島で衝突の歴史、すなわち二つの戦争（日清、日露）を戦うことになった。この戦争への道やその是非、その仔細については今回はすでに述べすぎたし、これ以上は深入りしないことにしたい。

（拙著『歴史に向き合う、日本近現代史の旅』（三恵社、2017年、第7章参照、及び『戦争の日本近現代史』（講談社現代新書）、加藤陽子著、2002年を参照）

　今回はむしろ明治時代（1872年、明治5年）に、福澤諭吉が「在野のまま」で、すでにこうした問題に直面して真剣に考察していたことを思い出したい。個人が努力して学ぶことで自主独立の力を得る、それによって国も独立することを『学問のすすめ』（第3編、一身独立して一國独立すること）のはじめの方ですでに説いていたことを今こそ思い出す必要がある。個人も国も「独立心」を持つことこそが、福澤の矜持であった。今日の日本にも十分当てはまる言葉であり、本書の仕事の支えになっているし、その目標は正にここにある！

　そして、今日、先にも述べたが、近代史の専門家である渡辺利

夫氏は、「極東アジア」の近代史全体を振り返ることから我々の上記の探求心理に論拠を与えてくれる仕事をしたことになる。

　具体的に答えを得る鍵は、「福澤諭吉のリアリズムに学ぶこと」であると、氏の最近の著書の中では述べている。これによって、我々の本の執筆のための出発点はすでに整ってきた。（渡辺、p.234参照）

　福澤は明治政府の成り行きに付き添って、教育者として、またジャーナリストとして活躍して、国内と同時に朝鮮の近代化へ向けた努力を自らもして、その上で応援もしていた。彼の国際的知性がそうさせたのであろうし、またそこに彼なりの愛国心の発露があったのだろうと思う。

　李朝末期、清国からの独立の動き（甲申事変というクーデタに関わる）が失敗して、彼は大いに失望している。その後考察を重ねて、『脱亜論』（1885年、明治18年）を書くことになる。しかし、これはアジアを捨て去ることとは、違う。実際に日清戦争に際しては、彼は政府の後押しをして、協力して、基金も惜しまなかった人である。

　以上のことを念頭に置き、筆者は「経済安全保障」の項目を念

頭にして、恐れ多くもその現代版を（福澤の勇気ある思想と運動を見習いつつ）描きたいと考えている。当然、内容は、「日本を取り巻くアジア地政学の現在をどう読み解くか」に、関わってもくる。その先には今現在の日本の取る道は、どうあるべきかが出てくるはずである。結論としては、敢えて福澤流に言えば、「入亜論」があり、場合によっては「脱欧論」もあるだろうかと漠然としてではあるが今は考えている。

　2020年（令和2年）の前後、2020-30年の時代を扱い、個人の気概と日本とアジアの状況、さらにその背後に位置する同盟国アメリカらの先進国と東アジアの現状を見つめることは緊急の課題になるし、その仕事はやりがいがあると考えている。

　さて尖閣諸島あたりの日中の船舶のせめぎ合いを見るにつけ、韓国の「反日教育の影響」が次で扱う日中でも実に大きいと思う。韓中両国に共通するのは、この「反日教育」の存続であり、政治家たちによるその悪用ではないだろうか。

　我が国は、貿易交渉のみで損をしないように気を使い、あとの問題、人権などの価値観などは曖昧にしたままで進んでいいのか、経済を切り離して、何と無くこの世界で生き抜けられるのかどう

か。筆者は無力であるが心配している。しかしながら、国を第一にして国民を下位にする、「戦後レジ〜ムからの脱却」を謳う指導者とその政党が、だらだらと政治の世界を今は支配しているように見える。大きな組織を待つジャーナリズムもあまり一貫性がなく、その方針は信頼できない。

　もちろん、2020年は新型コロナの感染拡大のため生活は苦しく、経済は、深刻な打撃を受けてもいる。しかも当面は感染症の対策が大切であることは言うまでもない。

　コロナ対策と同時にその後のこと、ニュー・ノルマルと言われる事態も考えておくことが求められている。と同時に、人権問題も大切にし、意見をはっきり述べないと世界から疎まれる、と筆者は思う。

　2021年、2月ミヤンマーでは、普通の国民のデモに、軍が発砲した。中国は、自己利益のため、背後からその軍隊を擁護して、同時に昆明までのパイプ・ライン保護を要請していたと伝わる！

　政治は、若い人びとの生活環境も守っていかねばならない。統治がいかに大切であるか、いかに難しいことか、この点をよく考えていきたいものである。

　次章で扱うが、中国の孫文らも日本人がよく助けたことが忘れられている気がする。その人たちのお陰で、のちには、孫文は辛

亥革命を成功させ、中国も近代化のスタートを切ったのである。台湾の人々も、この孫文を敬っている。

　しかしこの朝鮮では実権を握ったのは高宗の妃、閔妃らであり、彼女の謀略にかかり、1894年3月28日、金玉均は上海で暗殺された事はすでに述べた。

　彼は、大韓帝国、大清帝国と大日本帝国との三極同盟で、東アジアがまとまり欧米列強に立ち向かうという構想をもっていたが、この事件後、その考え方は今から考えれば、初期の「東アジア共同体構想」であったとも言えるが、残念なことに歴史から消え去ったのである。

　今ここで特に問題にすべきなのは、再度述べるが朝鮮での金玉均の遺体の扱いのむごたらしさ、家族皆殺しの仕方などについてである。この辺りの国民心理から、今日の「反日思想」が発出しているのではないだろうかと思えるからである。その根底は探ってみるに値する。

　すでに述べたが、むごたらしいい刑罰、「凌遅の刑」と言われるものを聞いて、福澤も怒ってこう書いている。「人間娑婆世界の地獄は朝鮮の京城に出現したり。我輩は此国を目して野蛮と評せんよりも寧ろ妖魔悪鬼の地獄国と言わんと欲するものなり

……。」

（朝鮮独立党の党員の処刑，時事新報、明治18年2月3日、29日）

（P73、渡辺の著書、より引用）

　金文学氏によれば中国もこの点でよく似ているらしい。「生前
悪をなした人は死後も悪人だ」「死者をムチうつ、墓をあばく」
というのが中国人の死生観の核心です。」（p130、『中国人による
中国人批判』）と書かれている。

　さてその後、再び、韓半島は内乱のために清が介入してくる。
日清戦争、日露戦争と、我が国も、国民と政治、政党が一丸となっ
てこの半島で戦い続ける。日清戦争後の下関条約では、朝鮮の独
立を勝ち取る。

　外国の独立を、自らの国民の犠牲で勝ち取るという奇妙なこと
になる！　しかし、この半島国家には、伝統的に「独立の気構え」
がないことがはっきりとわかる。この精神構造が、独立後の今も
存在し続けていくのであろうか。朝鮮のエリートたち、いわゆる
「両班階層」には、改革よりはむしろ現状維持こそが居心地が良
かったのであろう。自己本位であり、これを超える精神が国民の
間にも育ちにくく、育たない！と言わねばならない。

そのために、伊藤博文のとった方針、韓国の保護国化と併合が続けて起こり、やがていわゆる植民地政治に入っていくことになる。その後、1919 年には、世界的な民族独立の動きがあり、この半島にも 3.1 独立運動が起こった。日本はこれを弾圧する羽目になって、ますます悪者になっていった。

　この植民地時代（1910 年–1945 年）の出来事を巡って、今なお紛争や論争が絶えない。2020 年は、その中でも日韓関係史上で最悪の事態となっている、と言わねばならない。日本国民の中にも、もう断交だ！という人も出てきている。

　文在寅政権は、いよいよレームダック、断末魔の声を上げている。2 つの知事選（ソウル、釜山）でも野党に負けた。（2021 年 4 月）という。今日では、米国までもが、韓国の立場の不明瞭さに苛立っている。文政権の断末魔の声を聞きながら、しばらくは最新のニュースを書き留めておくことにする。後世の文献の一部の役目を担うだけでもいい。

「慰安婦問題、日韓合意から5年」

　またまた、昨年（2020 年）からこの問題、「慰安婦問題」が表面化して両国民（日本人の多くは、本心またか、と思う）を悩ませている。2021 年 1 月 8 日、ソウル中央地裁の判決が出て、

大きく報道がなされている。同地裁は、「旧日本軍の慰安婦だった韓国人女性 12 名（故人含む）が日本政府に損害賠償を求めた訴訟で、原告の訴え通り、日本政府に、一人当たり 1 億ウオン（約950 万円）の慰謝料を支払うよう命じた。」（朝日、1 月 9 日）のである。

　日本政府は、国家には他国の裁判権が及ばないとする国際法上の原則―「主権免除」―を理由に裁判自体を否定している。控訴もしない方針のため、一審判決が確定する見通しである。元慰安婦という人たちは「ナヌムの家」で生活する人たちであり、韓国側は、日本には、「主権免除の権限はない」と言い返している。

　なぜならば、この件が、「日本によって計画的、組織的に強行された反人道犯罪で、主権免除は、他国の個人に大きな損害を与えた国に、賠償を免れる機会を与えるために作られたものではない」と判断したと韓国政府は言う。さらに日韓請求権協定や2015 年の日韓慰安婦合意の対象にも含まれていないと主張している。国と国との約束が守られないなら、もう交際はできない！と考えるのが当然であろう。

　今回は、向こうの政府も出方が少し違う。もうこれ以上、日本に逆らうと、全てを失うと気づいたのだろうか。韓国（文政権）は政府なりに問題解決の努力をするという。（2021 年 1 月）日本政府の本気度、「逆襲」にやっと気がついたのだろうか。強制

的な、従軍慰安婦は存在していなかったこと、これは実証されている。さらに、朴正煕政権時代に、多額の賠償金も払っており、韓国政府として、その一部で、彼女たちの保護をしていてしかるべきであった。

　徴用工問題も、またまた、表面化し政治・時事問題化している。2018年10月、韓国大法院が、新日鉄に対して、賠償金を払うよう、判決を出したのである。日本政府は、この問題も1965年の「日韓請求権協定」で完全、かつ最終的の解決したことになる」（第2条）として、相手にしていない。これは、久保田るり子氏の述べるように、「半世紀以上が過ぎた21世紀に亡霊のように蘇ってきた」のである。（（注1）の久保田氏の著書、p.74）

「日中韓サミット―その1」

　菅総理に政権が変わり、日本のトップが韓国へ行きこの日中韓サミットに参加した。その際難しい問題を他にもたくさん抱えた時ではあるが、日中韓3者が会って意見を互いに述べあうチャンスではあった。首相としては、徴用工問題に、まだはっきりとした答えを出さない文政権には会えない！ということかもしれない。慰安婦問題もまだまだ、すっきりしない。具体的な解決策を出さない韓国側とは日本側は、「ぼんやりとしている点をあげて

いる」だけで、だから会っても仕方がないという考えのようだ。

『朝日新聞』が、「近隣国同士、利害が絡み合う３カ国の政治リーダーが一堂に会し、地域の協力を話し合う。こんな貴重な場をあえて見送るのが賢明な判断だろうか。」（2020年12月6日、『朝日』の社説）と疑問を呈している。『朝日』は一般的に日韓問題では、過去に汚点を残していて、いまでも評論家たちの評判は非常に悪い！ここにも、謝罪をしてもある新聞社を痛めつける、他のメディアの悪い意図はないだろうか？

慰安婦問題では、過去に大きなミスを犯している朝日新聞が述べている点で、これは皮肉であり、余計に印象的だという人もいるだろう。「朝日」は今日では会社として謝罪はすんだとしているが、いまだにメディア同士が攻め合い、書き、追及する人もいる！執念深い隣国の真似ではないだろうか。我々にも反省するべき点はある。「ネロナムブル」（自分に甘く他人に厳しい、ダブルスタンダード）と言われないようにしたい。

確かに韓国の問題には、何かぼんやりとしたものが付きまとうし、「執念」に似たものがある。国際的、国際法からの味方で解決がつきそうであるが、そうはならない。中国との論争、係争、対立するについては次章にて扱い、この章では特に、韓国のこの「執拗さ」の心理がどうしてなのか、またどこから来るのかをもう少し探ってみたい！

福澤諭吉の『事実を見るべし』（明治 30 年 10 月 7 日、「時事新報」）には今でもびっくり仰天の言葉がある。「朝鮮人を相手の約束ならば最初より無効のものと覚悟して、事実上に自ら実を治むるの外なきのみ。」これは、今もなお通用する言葉である。ということは、相手があまりにも変化していない、ということでもある。実に、福澤のものの見方は、一世紀を超える鋭い見方であると言わねばならない。

　幸い、堅実な研究者（特に韓国の）の仕事が最近紹介されている。『反日種族主義—日韓危機の根源』等の本が出版されている。しかし、韓国では、いくら学術的でも、親日派だと反感をかっているらしい。時には著者たちには命の危険さえあるという。李栄薫教授（注 2 を参照）が、慰安婦の会に連れ出され（？）、土下座させられている写真を見た時は、筆者も驚いたものである。真実が最終的には勝利することを信じたいが……！

　米国の研究者もこうした長年の日韓論争に参加し出した。反日であることが、同一の民族であることの意識を覚醒させるのではないかと、この研究者（R.ケリー）は、説明している。
　一言で言えば、「韓国の反日は、国民のアイデンティティ確認

の方法であり。直ちには消えない、本来北に向かうべき感情が日本に向かっている」とケリー氏は考えている。

　またロー・ダニエルという東アジアに詳しい、アメリカの学者もいる。彼は「知性心理」という立場をとって日韓の違いに触れていて、今話題になっている。「知性心理」とは、「ある政治共同体が、特定の地理的条件に埋め込まれた（embedded）状態で、長い年月が経たことによって醸成された心理体系」だという。自然観、社会観、歴史観にそれは影響を与える。我々の議論（長い間の拘りに原因）に関わるところに接近して彼の説をみると、それぞれがこうなる。自然観では、日本人は、自然に対して畏敬の念を持ち、一方朝鮮半島の人は、積極的姿勢を持つ。

　社会観では、日本の「順応主義」と半島の人の「反抗主義」が生まれる。政治的権威に代表される既得権を否定するのが正義への近道となる。「歴史の産物である条約も再解釈、変更可能である」という認識になるからである。

　歴史観では、前者は「機能主義」を、後者は、「当為主義」を取ることになる。竹島（独島）や、他の二つの問題も、国際法で「条約は守るべき」となるところが、人類が求める規範が優先される「強行規範」への関心が強い。従軍慰安婦問題も、人類の道徳に反することであり、それ以外の理解はありえないとなる。だから話し合いは、外交上、決着していても、いつでも、事あるご

とに繰り返し表面化する、という。

　この２つが、現実政治において対立して、どうにもならない！のである。新しい大統領が、「未来志向で行こう」と何度か宣言しても、最後は、「謝罪せよ、賠償金を出して、心からの謝罪をせよ」、ということが続く。朝鮮王朝では、派閥や、平民の反乱が多かったことも、これである程度説明できることになる。（藤原書店発行の『機』2017年、no.306より）

　また、次のような接近の仕方も、現実、（レアル）の説明と理解に役立つものになろう。
　すなわち、「すぐに謝る日本人」と「謝らない韓国人」とも言われる比較論である。（『日本人と韓国人なるほど事典』（PHP,p143-149）この本には「ウリとナム」の区別にも触れている。韓国人は自分の属する集団（ウリ、我々）と「ナム」（他人）との区別をする。少しぶつかっても、「ケンチャナヨ」（take it easy）といって、気にしない韓国人。日本人なら、「切れる人」が最近は多くいて、思わぬ大事件になるかも知れない危険がある。
　誠意を込めたつもりの「河野談話」も、心からの謝罪どころか、向こうでは都合よく、従軍慰安婦は強制連行であったと、利用されている。一般の日本人は、「何回謝ったらいいのか」と投げや

りになっていると聞いている。

「ウリナラ」とは、ハングル初心者もすぐに出会う「韓国という我々の国」のことである。歌謡曲でも『美しい国』が流行している。「民族、ミンジョク」という言葉も重い言葉である。（久保田著、p124-）これは自由や人権、法律より上位にあるという人もいるらしい。

すでに書いたが「ネロナムブル」という造語もあるらしい。「自分がやればロマンスだが他人がやれば不倫」という、利己的な人間のいいかげんさを皮肉ったものである。（黒田勝弘氏の本、産経新聞のコラム、参照）

「日韓の最新ニュース、その1」

2019年の時事問題のいくつかを再度、列記しできる限り整理してみよう。そのために「日韓、米国頼みのたそがれ」（「朝日新聞」の社説余滴、箱田哲也記）等をまた参照する。

まず、（GSOMIA）（日韓軍事情報包括保護協定）を直ぐには延長しない韓国が困った存在になっている。この協定は北朝鮮が、しきりにミサイルを発射していた2016年11月23日に締結されたもので、日韓で、北のミサイルをはじめとする、秘匿性の高

い情報を共有するための取り決めであった。アメリカも、関係が深く、韓国に、早く延長することを説得していたらしい。文政権は、北と仲良くしたい、できれば、統一のことも視野に入れているのかも知れない！しかし、これがいかに無理なことをしているかの認識が本人にはなさそうである。

　協定の延長なしには、共同の軍事訓練もできない。米国とも米韓軍事訓練ができない。もう同盟の終わりにまで到ろうとした、その５時間前になって、韓国は延長の知らせを日本に寄こしたのである。これでは３カ国の間で軍事演習をして、相互の信頼を保てという方が無理だろう。おそらく、北朝鮮の出方のことばかり気にしていてギリギリまで待っての行動であったろう。

　南北統一は、大問題であるが、一体誰が、どんな状況で答えを出すのか、どちらが、いつどのようにするのか、今はわからない。

　さらに韓国の国内問題では色々と情報が入ってくる。例えば、文在寅政権の検事総長が法相から職務執行停止を命じられたという。「深刻で重大な不正を多数確認した」と秋美愛法相は言う。(2020年、11月26日)。ユン検事総長（大統領になり、日韓関係の改善に意欲をもっている人）は、兵役中の息子をめぐる疑惑で捜査をしていたと言われる。前法相、曹国氏も娘の奨学金問題などにまつわる収賄罪で捜査され、辞任に追い込まれた。他人の足を引っ張り、貶めることがあれば、住むのにつらい社会だと

思う。

　この問題を少し離れてみれば次のようになる。検察機構を政権
側が改革して、政治家には手を出させないようにして守ろうとし
ているように見れる。思えば、歴代の大統領は、その任期の末期
は、いずれも、逮捕や暗殺、自殺を繰り返してきたものである。
　室谷克実氏の本（『悪韓論』）からその例を少し引いてみよう。
　李明博政権の時代のことである。「仁川地検長から「検察枠」
で最高裁判事に一挙になろうとしていた人の例が出ている。彼の
就任を前に次々とスキャンダルが出てきた。「私債業者と一緒の
写真、息子の兵役逃れ疑惑、貯蓄銀行系のブローカーとの癒着、
不動産登記に絡む偽装転入届け、、、、」これに対して時の法相の弁
はびっくりさせる。「その程度の瑕疵ならば最高裁判事候補とし
て大きな問題ではない。」と述べたそうである。
　これでは、「タマネギ男」が次から次へと出てくるわけである。
（同上書p.187）

　また最近のことであるが、前述のように『反日種族主義』とい
う本が出版され韓国でも好評である。難しい、厄介な問題への学
問的解明に立ち向かった労作であり、両国民には大いに役立って
いくだろう。

植民地統治の時代に40％の土地が収奪されたという説も、教科書で長く教えられてきたそうである。これを資料でもって、人々に物の見方を正してくれている。（そう期待したい）。徴用工問題、慰安婦問題、その他、李栄薫教授のグループのおかげで、少しは、偏見を指摘されて、（「7奪」のうちの一つ、農地収奪のどこまでが事実かも改めて問われている！）日本の植民地支配の間の出来事について、どこまでが本当か、韓国民に限らず、日本の若者の意識にも多少の変化が期待できるだろう。

「最新のニュース、その2」

WTOの規定で日本はフッ化水素の韓国向け輸出を止めた。韓国は、これに対して提訴した。この処置は日本政府としては、安全保障上、管理上の判断であり、他のことへの仕返しではないと言っている。日本国民から見ても、これは無理のない判断である。

　この製品はLGディスプレー（会社名）の失敗で、韓国は国産化ができていない。森田科学KKなどがこの分野で90％シェアーを占めている。半導体の生産にも大きな影響があるらしい。「サムスン財閥にもすぐに悪影響が出てしまう。」と報道されている。

　韓国では、このこと（危険なものの輸出の制限をすることはむしろ義務）でまた、反日感情の悪化に繋がる動きが顕在化するこ

とになる。国際的規律を実行するだけで、反日行動へ発展すると
はむずかしい関係である。

「最新のニュース、その3」

　2020年1月8日。旧日本軍の元慰安婦が日本政府に慰謝料を
求めた訴訟で、韓国のソウル中央地裁が、元慰安婦らの訴えを認
めた。個人の権利はまだ償われていないと、裁判所が判断し、裁
判が静かに進んでいた。これに元徴用工問題等、日本の統治時代
の責任問題に絡ませると、とても整理しきれないほど日韓関係は
複雑になる。

　1965年の、日韓国交正常化に伴い締結された「日韓請求権協
定」で補償金を払い、請求権問題は終わりと、両国間で考えられ
たのである。(日本側だけの納得だったのか？世代が代わり、変
われば、このようなことが通用するようになる？)

　2005年になって、上記の約束は、元慰安婦や在韓被爆者など
の問題は含まれないと、盧武鉉大統領の時には言い出している。
さらに2015年には、安倍・朴合意で、「慰安婦問題は最終的、
不可逆的に解決された、」と合意していたはずである。二国間の

合意をこのように簡単に反故にするとは、もう付き合わない方が良いというのが普通の答えであろう。

今回の判決には、かってイタリア人の訴えからドイツの第2次世界大戦中の保障を、ICJ（国際司法裁判所）が認めた例が、参照にされたらしい。「日本の主権免除」は、国際法上も認められないのか。もう解決したこととして、日本政府は取り合わない態度である。文政権の出方は流石に「政府も努力してみる」、と、暗に日本がまた、「心からの謝罪」をしてくるのを待つがごとくである。

政治的に、両国が相互信頼して、朝鮮半島と日本の平和、友好、安全、相互利益を考えられないのか、ここで大きな世界的な観点から決断をしないと相互消耗のみが、この先も両国関係に待っている。

「最新のニュース、その4」

慰安婦問題について『文春オンライン 1-4』より、以下要点のみを抽出したい。

政府筋が一番、困惑しているようだ。下手をすると、日本との

国交が断絶することになるからである。韓外相は「ここは冷静に」と茂木外相に答えている。

「100億円の合意金は誰が持っていったのか？」の問題化である。尹美香国会議員の事件（横領）があってから、一般の韓国人は、憤りの声を上げている。当然である。

　元慰安婦支援団体「正義連」前理事長で、「慰安婦運動の代母」と言われた人が、今政府補助金の横領や、元慰安婦キル・ウオンオクさんの支援金をだまし取った疑いで現在裁判が進行中のためである。「尹事件」から、多くの韓国国民も女性団体の主導する慰安婦運動の意図を疑うようになっている。当人たちは、日本にあるという「恥の文化」の伝統は無いような振る舞いである。

「最新のニュース、その5」

「異様すぎる慰安婦訴訟の判決」

　2021年1月8日、ソウル地裁の判決が出る。すなわち、慰安婦一人当たりに、1億ウオンの支払いを日本政府に命じることを命じるものである。

　次の3点から日本政府はこれに反論した。第一に、主権免除の原則。これは国際法の常識だと言われる立場である。第2に、「1965年の基本条約の締結、賠償問題は完全かつ最終的に解決

する」という条約の中にある、2015年の「慰安婦合意」がある。

　この判決は、第3にまた、「徴用工問題」と関連して、新日鐵の資産の没収可能の判決とも関連しているだろう。昨年2020年、12月で期限が来たが、目下のところ、文在寅政権からの実際の行動はない。慰安婦判決についても、政権は、今のところ何かを模索しているようだ。例えば、大使交換の際に未来志向で、粘りづよく交渉するように指示する。しかし、10億円で設立した時の「和解・癒やし財団」はすでに解散している。解決すると、かえって相手側は困るようでもある。（長谷川幸洋、「現代ビジネス」参考）

　かって5億ドルの支払いの際には、個人の問題はさておいて、政府の事項だけで良い、としたのは韓国側の出方であった。（この5億ドルのことも、国民には伝わっていない。朴正熙大統領の手柄によって「漢江の奇跡」が起こったことになっている。）今回も個人賠償も先の賠償金に含まれると日本側は考えたのだろう。そうだとすれば交渉の下手さ、外務省あたりに責任が向けられることにもなる。この点では、日本人の甘さも関係しているかも知れない。さらにその資金でインフラ整備に誠心誠意に協力した日本の会社や、技術者も多いはずであり、彼らも報われないことになる。

「浦項製鉄所」の建設の時のことも少し思い出しておこう。これは当時の最新の工場を最高の技術者が精魂を込めて建造したものである。

　立派なインフラ（線路、トンネル、ダムなど）なども当然のことながら、内地に引き上げるときに全て現地に残してきた日本である！それらのうちには、今もなお利用されているものもある。日本人として、誇りに思ってよかろう。アメリカの研究所からは、日本は戦前の併合時から、73兆円（現在の価値）、韓国に投じてきた、というニュースも入ってきた。

「歴史認識と、新大統領選出演説」

　3.1独立記念日での演説は、毎年注目されるものである。韓国大統領が何を言うのか、何か具体的に出てくるか？しかし今回も、「いつでも話し合う気持ちがある」、また「被害者中心主義でいく、」といったのみであった。一体誰に向かって言っているのか、国内向けか、日本向けかさえ、それもはっきりしないと言う評価がされている。これに対して日本政府は、相手にしなかったが、相手側は、ボールは日本側にすでに投げてある、というかも知れない。

　この文在寅演説よりも気になるのは、次期大統領最有力候補の強硬な対日「3.1発言」であった。（Yahoo,japanニュース）

現京幾道知事で、当選確実と言われているこの人、李在明知事の発言の方に注目が集まっている。これも異常なことである。「Yahooニュース」はその演説内容を2項目にまとめているので記録しておこう。

1.「大韓民国は、解放後も既得権を維持していた親日勢力の反発により親日残滓を清算する機会を失ってしまった。その負を今も引きずっている。」
2.「歪曲された歴史は歪曲された未来を生むことになる。歴史を正す理由は過去に縛られるわけではなく、報復のためではない、今後我々が進むべき道を探すことにある。」

　さらにこの李氏は、親日の作曲家の作った「京畿道の歌」をまず取り替える方針であることも発言している。
　まるで、敗戦後の全てを失った日本人を、「李承晩ライン」などで竹島を自国領土として、いじめることばかりに専念した李承晩大統領のようになるのではないかと思う。戦後の際は、さらに朝鮮戦争が起こり、同じ民族同士が戦ったのは隣国として気の毒な悲劇であった。日本は特需で、皮肉にも戦後復興で儲け役立てたのも事実である。

これでは、次期大統領になっても、「東アジア共同体」構想は、遥か先の話になるだろう！否、そのような構想はすでに必要がないのかも知れない。さらに次期大統領の予想に関しては、すぐに専門家の意見が外れていくのもよくあることである。

　前朴槿恵大統領の時の演説のことも、ここに書いておこう。2013年3月1日、同じ式典での発言である。「日本は歴史を直視し、積極な変化と責任ある行動を取らねばならない。」「加害者と被害者という歴史的立場は、1000年の歴史が流れても変わりようがない。」この演説はこの部分だけが特に有名になり、今日も残っている。

　中韓通貨スワップへ乗り換えたのもこの大統領である。確かに、この国は「新羅の時代」から、中国の冊封体制の中で生きるほうが楽であったし、その姿勢は、本当に1000年経っても変わらないようである！高句麗、新羅、任那など3国が鼎立していたことが歴史上思い出される。

「各王朝の末期と新興国の日本」

　李朝朝鮮は、日本が近代化に成功し出して、接触し出すことも考えた。それはこの王朝の末期にあたっていたことも事実として、ここで再度触れておきたい。すなわち、李朝は（1392年–1910年）

の間、中国王朝の属国であり続け、末期に当たっては身内同士で争っていた。

　王朝の末期は、一般的にも、積年の悪弊がたまり、不満が噴火しやすい時になっていた例が多い。清の王朝も、（1616年–1912年）、ロシアのロマノフ朝も、（1613年–1917年）その例であった。

　逆に我が国は明治になって、富国強兵に取り組み、国民にいわば元気があふれていた時にあった。福澤の啓蒙書や、『西国立志伝』もよく読まれた。そのような時に、西洋や朝鮮半島で我が国はこの半島のあり方を巡って衝突することになった。

　これらの強国は、大国ではあったが、その時代の意識から抜け出せずにどこか気が緩んでいた。一方我が国はなんとかして生き抜こうとしていたし、それが頑張る要因ともなったと言えるかもしれない。問題は、その後、日清、日露戦争後から、満州へ進出、太平洋戦争への悲劇の道を、国民全体が歩まねばならなかったことである。この点が今尚悔やまれる。次世代の人々はさらに歴史の研究を続けねばならない！

　結論を先に書けば、日露戦後に軍部の力が増大化、巨大化して、民間人政治家、特に後藤新平らの冷静な判断が浸透しなかった、またできなかったことを念頭に置いている。

　これは、いわば「日露戦争後の判断ミス」ではなかったかと筆

者は思っている。1906年から1910年の間、日本はその進路について、史上の最大の困難に直面していたのである。残念ながら知恵袋の勝安芳（1899年死去）、福澤諭吉（1901年死去）も、伊藤博文（1909年01月6日、暗殺される）もすでにいなくなっていた。正解は、日英、米との同盟を選択すべきであったのではないか！人材の育成と存在がいかに肝要かも今日感じている。

　ハルビンの地で非業の死を遂げた際の、伊藤の言葉、「そうか、馬鹿な奴だ」は忘れられない。伊藤は、半島での仕事を終えて、帰国間際にあたり、後藤新平の頼み（東アジア経済圏構想を今から百年前に唱えていた）もあり、ロシアと満州あたりの事情を探り、今後のロシアとの対話を持とうとしていたのであった。

　この暗殺は日韓関係にとっても残念で仕方がない。ハルビン駅には、大統領に当選直後に朴槿恵が、中国へ行き、習近平に記念館を依頼して、それはすぐに出来た。日本から見ての暗殺者、韓国での英雄、安重根の記念館が、韓国と中国の意思ですでにできたのである。米国も日韓の友好が安全保障上、重要であると考えて気を揉んでいるところであった。

　アジアのパラドックス（AsianParadox）ということばはここから発信されていき、さらに韓国の反日教育が収まらず、広がり続けている。(注7)

　『東亜日報』（保守系第2紙）の記事は朴政権の見方を支持し

ながらこう書いている（2014年3月15日）。「政府は北東アジア国家間の経済的相互依存と安全保障競争の隔たりの克服に貢献する多国間機構を活発に推進してきた。」

　しかし、朴大統領の「北東アジア平和協力機構」が「アジア・パラドックス」（韓中日の間で経済分野での相互依存度が高まる一方、政治・安全保障の対立が深刻化する現象）を克服する可能性はあるのか。」とその記事は問い、4つの条件を書き出しこれが困難なら、実現は困難としている。

　すなわち、日本、米国、中国の積極的な参加のない構想は非現実的と言い切る。4つも書かなくても次の1点だけ―日韓の相互理解―で全てが上手くいく、いかないのかが、我々の周りの空気でわかる。

　この後日談は、安倍首相の靖国参拝、セオル号沈没への対応のまずさ、で朴槿恵の平和構想の話は中断してしまった。文政権も、北朝鮮への働きかけはあったが米国等の不信感を煽って終わろうとしている。

　今日、筆者は1965年以来最悪となっているこの日韓関係に改善が見られることを期待したい！幸い、2023年の「3.1演説」で新大統領ユンソニョル氏は、「日本はよいパートナーだ」と宣言した。良い出発点に立ったことを喜びたい。

　今日また、新たな覇権争い（台湾、南シナ海をめぐり米中対立）

に巻き込まれそうな時を迎え、日本としては福澤ら、明治の啓蒙思想家の生き方を学び直し、しっかりとした足取りでこの地域の困難に耐え、前へ進む必要がある。具体的には、経済協力のできるものから提携をして、無理なく貿易をし、若者の交流をも進めよう。お互いの歴史教育についても考え直すことも、大切である。満州事変、支那事変への道を辿っては決してよい未来は開かれない。

「南北朝鮮の統一問題」については、大変気になるが多くの障害物があって、確信を持って何も言えない。地政学を踏まえてこの半島国家は、「2025年ごろ統一する」、しかも当面「1国2制度で行く。」と茂木誠氏は述べている。[注8] 核兵器、弾道ミサイルの実験を国際秩序・規律を破りながら、続けている北朝鮮が主導して、「統一朝鮮」をつくるかもしれないと同氏は言うのである。正義、大義を考えに入れると、歴史観が曇るのだろうか！筆者はそれでも、韓国民のためにも、日本人のためにも北による統一は決して望まない！

　筆者は、かっての南北ヴェトナム、や東西ドイツの例を考え、また古代の、高句麗が強くなって統一までいったこの半島の歴史をいくら考慮しても、何も断定的なことが言えず、また将来の予想の関して何も確信を持って言うことができないのが残念である。

　もし、どこかの「属国」になり、半島が統一されることになれ

ば、「地政学」は、その時に、より学問として科学性をもつと信頼されるようにはなろう。今は南と北とは、世界を反映して、その枠組みを組み込んで張り合っている。未来の予想は難しいが南の民主主義や自由は守ってほしい。我々もその手助けはしなければならないと筆者は考える。

(注1)　進藤榮一『東アジア共同体をどうつくるのか』（ちくま新書、2007）

(注2)　李　栄薫編著『反日種族主義―日韓危機の根源』（文藝春秋、2019）p、66-67。強制連行説について。「1965年に日本総連系の朝鮮総連系の朝鮮大学校の教員・朴慶植が、初めてこのような主張をしました。「日帝が残酷に朝鮮人を搾取した」と扇動しました。当時進行していた韓日国交正常化を阻止するためでした。両国の国交が正常化されると、北朝鮮が包囲されるからです。」

　池　萬元　『反日への最後通告』（ハート出版、2020）帰属財産（Vested property）p。161-162。「1945年、日本は36年間朝鮮の地に建設したダム、鉄道、道路、港湾、電気、鉱工業、製造業など、様々な分野の社会的関節資本を丸ごと残したまま引き上げた。、、、、北朝鮮には29億ドル、韓国には23億ドル相当の公共財さんが転がり込むこととなった。」

　久保田るり子『反日種族主義と日本人』（2017、9 文春新書、2020）「慰安婦問題とは、率直に言って作られた歴史である。、、、、1965年の日韓基本条約締結の際、慰安婦の存在は請求権の対象にならなかったどころか、そもそも日韓交渉で韓国側から持ち出されたことは一度もなかった。」

　2冊の研究書と、一冊の啓蒙書は、根の深い韓国人の反日感情を、歴史的な根っこのところで解明しており、今後の日韓の理解が進むと良いと思う。

崔　基鎬『日韓併合』(祥伝社、2004) p。56 の一文にはこうある。
「朝鮮総督府の教育政策について「愚民政策であったと解釈することは勝手だが、李朝下で両班から蔑視されていたハングル（朝鮮文字）を必須科目として一般庶民に復旧させたのは、日本の総督府であった。」最近その原物が発見された。国民は、学校で嘘を教えている、と叫んでいた！

(注3)　文京洙《ムンギョンス》『新・韓国現代史』(岩波新書、2015) p.267。
内容は、経済成長率7％、国民所得四万ドル、七大経済強国入り、さらに朝鮮半島を貫く大運河計画もぶち上げた。

(注4)　木村幹『誤解しないための日韓関係講義』。同書のテーマ、「ステレオタイプな認識を避けよう」は当然良いアドバイスである。

(注5)　長年、清の属国であった韓国には、「ソント」や「イガンル」の風習が残る。前者は相手が正しいかどうかではなく、罵倒、嘘八百、大声でまくしたてる風習。後者は、ある特定の人物の悪口を広めて孤立させる風習。今も残っているのか、現代韓国人から直接聞き出したいものである。

(注6)　松岡洋右『東亜全局の動揺、―我が国是と日支露の関係・満蒙の現状』(経営科学出版、2020 復刻)

(注7)　Jeff Kingstom: Asian Paradox, closer but cooler (Japan Times)

(注8)　茂木誠『日本人が知るべき東アジアの地政学』(悟空出版、2019) 第3章

[参考書]

李圭泰『韓国人の情緒構造』(新潮選書、1995)

室谷克実『日韓気質の違い』(宝島社、2020)

同　　上　『悪韓論』(新潮社、2013)

八幡和郎『韓国と日本がわかる―最強の韓国史』(扶桑社、2018)

黒田勝弘『韓国は不思議な隣人』(産経新聞社、2005)

文 京洙『新・韓国現代史』(岩波新書、2015)

李相哲、反日種族のタブー取材班『反日種族のタブー』(宝島社、2020、8)

『日本人と韓国人、なるほど事典』(PHP文庫、2002)

Robert E Kelly: Why South Korea is so obsessed with Japan, 2015

『機』「2017、9号、朝鮮半島を知っているか」(藤原書店)。ロー・ダニエル氏の考え方を紹介している。

宮崎正弘『中国・韓国を本気で見捨て始めた世界』(徳間、2014)

金文学『中国人による中国人大批判』(祥伝社、2006)

川崎、柴田『組織ジャーナリズムの敗北』(岩波、2008)

シンシアリー『韓国人による恥韓論』(扶桑社、2014)

拳骨拓史『「反日思想」歴史の真実』(扶桑社、2013)

豊田有恒『統一朝鮮が日本の襲いかかる』(祥伝社、2019)

高橋洋一『韓国、ウソの代償―沈みゆく隣人との本の選択―』(扶桑社新書、2019)

真壁昭夫『9つの悪魔に支配された韓国経済の悲劇』(白秋社、2020)

木村幹『誤解しないための日韓関係講義』(PHP新書、2022)

2章

日中関係

「一つの中国」(One China principle)

　中国は、この「一つの中国」を認めるのかどうか、を交渉相手に問うてから外交交渉を始めるようだ！台湾の扱いをどう考えているのか、そして経済支援をするのかどうかを確かめてから交渉に入る、ともいう！以下の記述はこのことがいかに中国にとって肝要なことかを示している、と言える。

　小笠原欣幸氏が、「一つの中国原則」(One China principle)と「一つの中国政策」(One China policy) の違いについて、わかりやすく書いている。(インターネット記事)

　これはまさに米中関係の中核にある問題であること、すなわち「台湾」に対する態度がいかに大切かに関わることである。この二つの事項が混同されることがあるので、まず氏の文章を頼りにできる限りはっきりさせておき考察していきたい。

　まず、「一つの中国」は、1、世界で中国は一つである。2、台湾は中国の不可分の一部である。3、中華人民共和国は中国を代表する唯一の合法政府である。(2000年の中国政府の白書による)

日本は、上記の3番目の項目は承認した。2番目の項目に対しては「中国の立場を「十分理解し尊重」するとした。米国は、第3目の立場をrecognize（承認）し、1と2番目についてはacknowledge（認知する）としている。このようにすでに外交用語は、常識人にとってはややこしいものである。このややこしい問題を少し歴史的に紐解いて考えてみたい。

　問題の件は1972年に遡る。早くも、今年で半世紀が経つことになる。これからの50年も平和のうちに日中、米中の2カ国がともに敵対せずに、経済発展していきたいものである。
　それにはどうするべきかが、今日、日米で大問題になってきている。統治者である習近平主席と岸田内閣の閣僚たちの政治責任は重い。いや日本の国民全体の責任も重いというべきだろう！中国には国民の自由はない、か少ない。しかもこのようなことを互いに話し合う雰囲気や機会も乏しいようである。

　今日ではすでに内容的にも古くなった本ではあるが、邱永漢氏（1924年–2012年）の著書『中国人の思想構造』（21世紀の中国を予見する）（2000年刊）の冒頭近くには次のような記述がある。アメリカの高官たちは、「アメリカは一つの中国を承認しているのだから、二つの中国"もしくは"一つの中国、一つの台湾"

を作る動きに加担しないでほしいと必ず釘をさされる、と語る。しかし、彼ら（アメリカの高官）はこうも考えているらしい。」と、さらに同著者はつけ加えていう。

「中華人民共和国が中国で唯一の合法的政府であることを認知（アクノレッジ）していることに合意したのは事実であるが、アクノレッジとレコグナイズ（承認）とは同義語ではない。」と必ず言う。

　中国側はこのことは知っていても、自己の主張である一つの中国―この主張　を曲げようとはしない。つまりは、「中国大陸と台湾は不可分の中華民族の統一国家「中国」でなければならないとする政策的立場及び主張である。」

　アメリカ側も、話し合いのもとでの平和統一ならともかくも、軍事的手段で台湾を解放するのであれば、「台湾関係法」に基づき台湾を防衛する構えでいる。多くの国（欧州など）が、いま、アメリカと同じ立場に立とうとしているように見える。

　かってロシアに苦しめられたリトアニアも最近、台湾支持にまわっている。これは大国中国では、笑い話にされたと伝わる。しかし、バルト３国の心配は人ごとではない。アメリカも、曖昧な態度を否定しだした。「台湾侵攻なら、軍事介入する！」と、ごく最近、この問題について問われて、バイデン大統領は記者団に答えている。（2022年9月20日、朝日新聞）

なお、邱永漢のエッセイ集、『香港が帰ってきて』（1997年）では中国がこれからさらに繁栄すると言って、大胆な予言をして終わっていることも、今や歴史的な記録として残しておきたい。

　邱永漢氏の予想は、2020年代の地点から見ると明らかに的が外れている。香港は、すでに中国に飲み込まれてしまった後である！しかし筆者には邱永漢氏を非難する気持ちはない。一般に予想はよく外れるものであるからである。当時の人々は、中国は国が富んでくれば、いずれ民主化に向かうだろうと思い、期待もしていたのである。これは、1990年代始めからの、「韜光養晦」（能ある鷹は爪隠す）のことばに多くの人々が騙されていたことにもなるだろう。

　さらに、かってのように「唯我独尊の中華思想」が世界に通用しないことは「アメリカ帰りの中国人たち」はよく心得ているとも、氏は語っている。当局は、このことも見抜いて、先手を打って出ていたようだ。607年、聖徳太子は小野妹子に国書をたずさえて隋の煬帝に手渡した。王は小国からのあいさつに怒ったが、無視した。この時より1500年が過ぎていることを我々も忘れてはならない。

「したがって中国が大国に返り咲く時は、中国が世界の中心である思想に変わりはないだろうけれども、その中身も外見も一変し

ているはずである。したがって大国への道を走り始めた中国で近い将来、台湾海峡を巡って再び戦雲急を告げる心配はあまりないだろう。」と先の著者は書き続けている。我々は、改めて歴史の変わり目に生きている、ことがわかる。

　香港と台湾、それに絡んで、尖閣諸島が特に今日（2020年‐2021年）、日中間で大問題になってきている。さらにロシアによるウクライナ侵略があり、習近平は、当初は侵攻に賛成したが、やがてじっと成り行きを見ている様子である。ロシアの作戦目標が外れていったからである。（おそらく、プーチン大統領は2022年2月24日から短期間でウクライナ全土を制圧する予定だったのであろう。）

　従って邱永漢氏の予想は、「完全に外れている。」と言わねばならない。(注1) 日本でも与党は当然のこと、野党も国防にもっと力を入れないといけないと考え出している！国民全体も、次回の参議院選挙以降（2022年7月10日）でどの方向、どちらの立場を取りに行くのが国民の為になるのか問われるはずである。

　しかし、国防の意識、安全保障の意識は、日本国民の内であまり今は高まってはいないように見える。国民を守ること、と国土を守ることとはこの際、切り離せない。憲法論議や改正の論議に、わだかまりながらも、筆者は、国民を守ること、個人の人権を守ること、すなわち自衛権は国際法で認められていることを確認し

たい。『正論』（2023. 2月号、p.23-37）も、「日本よ覚醒せよ
—公の精神取り戻せ」と対談形式の文章で打ち出している。

　そこでどこから邱永漢氏の予想が外れたのかも確かめねばなら
ない。これは後述の第3章でも、現状をさらに詳細に捉えていく
つもりであるが、今日では、中国の急激な「拡張政策」をどう阻
止するかが大切な、しかも緊急の課題になっている。企業の反応
を見る限り、脱出を考えるところは、どのぐらいの割合で存在し
ているのか、よくはわからない。（13000社が進出したらしい）
経済と政治を切り離すことは、いつまでも通用しないということも、
国民にははっきりとはわかっていないように見える。余りにも急
いで進出していって今頃後悔している企業もあったはずである。

　すでに中国への「関与政策」の過ちを論じる者から、「内部崩
壊を期待する説」まで、論壇では諸説が出て来てはいる。東アジ
アの国々では、南シナ海を我が物のようにとっていく中国の戦略
は、概して不評である。先述の「隋書」倭国伝によると、「当時
隋は東アジアの超大国、日本は眇たる東海の島国にすぎなかった。
……この国書はずいぶんと気張ったものであり煬帝が悦ばなかっ
たのも当然である……」(注2)
　そこで、改めて、中国という国の成り立ちからを問うことにな

ろう。さらに東アジアには財政支援をされて、止むを得ず、中国の政策に賛同する国も見受けられる。民衆は、抵抗しても、軍政を敷く政府（特にミアンマー）は国民に対して残念ながら無慈悲で、強力である！武力で抑え込むのは、最低の統治能力しかないことの証拠であると筆者思う。

　さて先の作者（邱永漢）がもしその後、4–5年でも長生きをしていたならば、きっとその文章を書き換えていただろう。彼は、香港特区の実験が、中国全体に浸透して、民主化にも役立つという希望的観測さえもっていたのである。ビジネスからだけの見方は、やはり歴史の見方において見当ちがいをおこすものである。しかし今や皮肉にも歴史的文書として、彼の文章は貴重になったともいえる。

　政治、経済、地政学、国民性、などの考察が、それらの知見が考慮されないと間違いやすい。それらは、互いに切り離せないことがこれでわかる。

　今日の現実を見れば、改めて、「歴史の予測」をすることは実に難しいことであることもわかる。この点で、前にも記したように作者を責める気持ちは筆者には毛頭ない。未来のことは正確には当てられないほどに、人間に関わる事柄はいつも複雑であり、

時局は思わぬ方向に向かうものである。

　例えば、アフガン侵攻はソ連邦の崩壊につながり、今や、（2022年）アメリカも介入に失敗して、惨めな格好で撤退した。今はまた、もとの勢力であるタリバンが支配している。

　邱永漢氏のもう一冊の本、『中国人と日本人』（1993初版）も当時はよく売れたものである。鄧小平路線が順調に進んでいた頃であろう、日本人もそうした考え方一色であった。おそらく、世界中が鄧小平の一種の「資本主義」に賭けたのであろう。

　邱氏はさらに「大中華経済圏」のできるのは、もうすぐだとばかりにも述べている。台湾についても、以下のように希望に満ちた書き方である。

「台湾は日本政府から完全に見放され、一時期は新聞社の特派員が一人もいなくなり、台湾のニュースは一流新聞から完全にシャット・アウトされてしまった。そうしたどん底から台湾の工業化が始まり、対米貿易の黒字化が拡大されるようになるとわずか二千万の人口で一千億ドルに近い世界一の外貨準備高を要する国にのし上がったのである。」

「さらに、この二十年、日本が手を引いたおかげで、台湾の経済は、日本人なしでもやっていけるようになった。」

（同上書、P.219-220）

ところが今や、2代の指導者が出現した後で習近平（2013年、党主席になる）が、いつでも台湾を攻めて、祖国の統一を目指すことを公言している。これは世界の大きな関心ごとにもなっている。父親、習仲勲は毛沢東に迫害されていたのに、本人はまたも毛沢東の仕事と並びたいのだ、と伝わってくる。ひょっとして台湾のTSMC（半導体メーカー、世界のトップ）の存在が大きな目標と思ってはいないだろうか。

　日本人も、そろそろ尖閣諸島のことが本気で心配になってきている。中国はこの諸島を奪うことを狙っているし、その野心の兆候も見出せると論じる米国の専門家や日本のジャーナリストも多く出始めている。前述のように習近平自身も台湾統一（武力行使を含めて）を公言している。（この点、彼が毛沢東に並ぶ業績、legacyを作りたいのだと述べる評論家がこれまた断定し、または推測をして言う。）

　以下で、まずいつ頃から軍事大国を中国が目指していたかを、資料と地図で見ておきたい。それには、杉山徹宗著、『中国の最終目的』の、特に杉山氏の本の内容と地図とが、（平成13年、2000年、初版）衝撃的であり、我々には良い参考となる。[注3]

　そこには、「中国の仮想敵国NO.1は「日本」だと大きく、はっ

きりと書いてある。日本はまだODA（毎年2000億円以上）を相手国、中国に与えながら子供のように扱われている事がわかり、本当にがっかりする。（「上海国際戦略学会レポート」より。1999年刊）

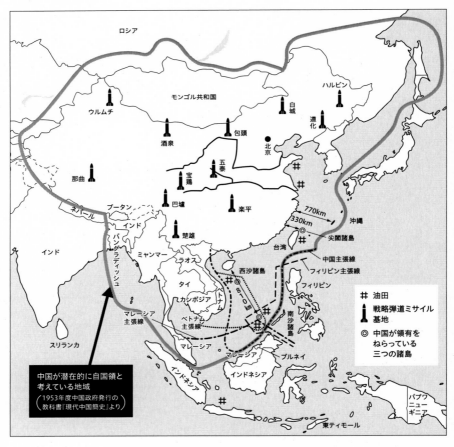

中国が考える「本来の中国領」と南沙問題
杉山徹宗の本より、p.35の地図を参照に筆者が描き起こした。

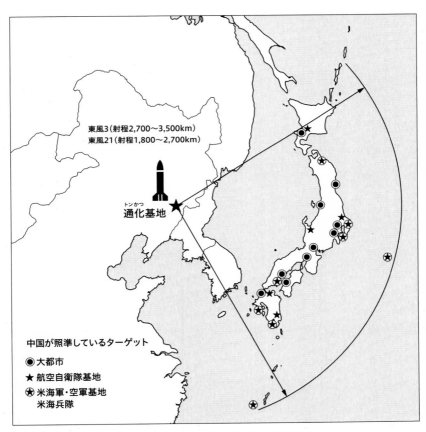

東風3（射程2,700〜3,500km）
東風21（射程1,800〜2,700km）

通化基地
トンかつ

中国が照準しているターゲット
◉ 大都市
★ 航空自衛隊基地
✪ 米海軍・空軍基地
　　米海兵隊

中国が考える「本来の中国領」と南沙問題
杉山徹宗の本より、p.153の地図を参照に筆者が描き起こした。

　中国が周辺国の攻撃の準備も着々と整えている事は事実である。
（この地図を見ると、攻撃目標には尖閣から沖縄、さらに日本列
島全体が入っていることに気付く。）

一方で、いわゆる、民主主義国家群も、同盟を広げ、防衛輌の強化に余念はない。QUAD（日米豪印の連合）の会合が2022年5月24日、東京であった。新しい顔ぶれで、お互いの意思を確認しあった。イギリスも入っている。しかしこれがアジア版のNATOだと呼ぶのには、少し早すぎるだろう（！？）。EUと同じく、NATO（北大西洋条約機構、1949成立）も永い年月をかけてつくり上げられてきた。この点で、ヨーロッパにまたしても見習うべき時が来たのだろうか！

　改めて、この21世紀の初めの二十年間（2000年-2020年）に於いて、「世界は変わった」、と再度筆者は実感している。世界は、米ソの冷戦を終えて、改めて「新冷戦」に入りつつある。経済的な連合体の先に、経済より、むしろ政治的結びつきを必要としているようである。

　さらに今やこの習近平の政治色の強い、「一帯一路」の考えに世界の多くの国々特に東アジアの国々が、一度は乗りかけて見て、やがて疑問を持ち出したりしているところでもあると思う。

　中国の考えを阻止するために、世界の多くの人々といろんな場所で民主主義や、自由と人権のために動きをはじめてもいる。オーストラリア、アメリカ、カナダやヨーロッパも一部で動き出している。自由と人権尊重、民主主義の価値のために同調する国は多

い。これらの理念のために団結していこうとしていることは、前にすでに述べた。

　さて、中国も、アフリカ、アジアの国々に投資したり、現物援助をしてその影響力を伸ばそうとしている。2022 年 5 月 27 日には、王外相（当時）が南太平洋の島嶼国、8 カ国歴訪に出発した。
　世界の希望がすべて失われるような、新冷戦の世界が固定化し、核戦争で人類が終わりにならないように、よく考えて行動すべき時がきているのである。

　これらのことをもう少し近づいて見ること、中国の変化と日本の変化、さらに米国の変化、世界の情勢等とを比べて考察すると、諸国民の発展の差や違い、世界の情勢や大国の変化がいかに複雑であり、いかに速く激しく変化するものであるかが見えてくる。まさに、激変の時に今日、一人一人が生かされていることも自覚しないといけないと気付く。
　国連の無能さを言う人は多いがその前に、国連総会の場で、人々に叡智の力を示したいものである。総会の決議の、価値を上げる努力をする、ここでの決議を経ていない者、多くの国が反対した事案は、世界が相手にしないことにする、これで次善の策にはな

ると思う。

　世界の複雑さの背景、またその原因の解明をすること、そして考える材料を提供することも、本書の趣旨の一つであり、本書の特徴にもしたい。しかも、これは実に厄介で重い仕事でもあることがわかってきた。

　世界の政治の内部構造、つまり共産主義体制とその経済活動、これらが、金融資本主義でかき回されて動く世界で、うまく機能する枠組みを同時に創造していくことに尽力することになるからであろう。

　そもそもこの専制国家の統計そのものが正しいのかどうか！も検討しなければならない。前述のように、李克強首相（2022年末には引退）でさえ、中国の統計の不正確さについて告白しているくらいである。各地方の長官が、できるだけ、成績を良く見せようとして、細工をして報告するから生じてくる事象であるらしい！

　何か人が見落としているものはないか、大切な新しい視点が見つけられるのか、アンテナをできる限りはって、さらによき先達を見つけ、じっくと事実を掴む。それらを整理しつつ、以下の論考を進めて行くつもりである。単に「新冷戦の到来」や、政治学でよく使われる「トゥキディデスの罠」という説明では不十分で

ある。^(注5)

　Wikipediaで「東アジア共同体」の項目を引くと、内容的にこの項目がまだ「完成の域に達していない」というコメントがついている。この項目は現代進行形と言うべき事柄であることを示している。まして、「自由で開かれたインド太平洋構想」は、「構想」自体が始まったばかりである！しかも、この分野が、経済によるのか、政治と安全保障により重心を置くのかで、議論が変わってくる事柄でもある。

　このような混沌とした時には、歴史を少し遡るのが、我々に知恵が出てくる一つの源泉であろう。

　そこで手始めに、今日から約50年を遡り、田中角栄訪中の際の宣言（1972年）、とニクソン訪中の際の宣言とをまずは比べて見ることにしよう。そこには外交の姿勢、日米の外交姿勢の違いがすでにあるかも知れない。ともに1972年の大きな出来事であり、50年後の今日まさに関心の高まっている問題（台湾問題や尖閣諸島問題）にも関係する事項が含まれているはずである。

「日米の対中接近、その心的態度の差」

　まず 1972 年 2 月、ニクソン大統領が初めて中国を訪問し毛沢東周恩来らと会見した。その少し前、1971 年 7 月 16 日、突然、来年に中国訪問する意向を発表した。その年の 3 月には、大統領補佐官キッシンジャーは密かに中国を訪問し、周恩来と会見し、米中関係改善、ニクソン（1913 年–1994 年）の訪中を打診、同意を取り付けていた。この頃、米国はベトナム戦争を終わらせることと、中国と対立するソ連を牽制する道をも同時に探っていたのである。日米は同床異夢であり、米国は下準備に十分な時間をかけ、着々とことを進める傾向があり、中国もこの点では負けてはいない。日本は米国と中国に安全保障問題での外交術をもっと学ぶべきであると筆者は思う。

　例えばキシンジャーが訪中するとの発表は、同盟国の日本に通知されたのが、わずかその数十分前であったことを思い出す。これがまず今日でも大きな驚きとして伝わってくる。米国の行動が意識的であることは言うまでもない！

　米国が 20 年間の敵視政策を変換するのは、同盟国の日本にとっても大変な変化であった。日本には、台湾支持派の議員も多く、彼らを説得する時間など考えていては何もまとまらないだろうと米国も読んでいたのであろう。また、日米繊維交渉も余り進展しなかったことも、この背後で影響していたとも言われる。

日米関係は、はっきりいえば、日本が、再度再軍備して進撃して来ないようにと（キッシンジャーの言葉）同盟を結んでいる、と言う言葉にも注目しなければならない！（遠藤誉著、『中国外交戦略の狙い』、p.8 参照）米のG2構想と習近平の大型大国関係の考えがすでに「その頃すでに」、米中トップの頭の中に刷り込まれていたことが今日ではわかる。

　この現実意識に対する答えとしては、米国から見ると、日本の地位は「その程度のもの」だとみるのが正しかろう。さらに向こう側（米国）には、「根回し」という言葉や、習慣は存在しないのだろう。米国は「自己本位の国」であることを、改めて教わったものである！日本はその後も、米国の要求に、我慢を重ねて、耐えて耐えて乗り越えて来ていると言わねばならない。（特にプラザ合意等）

　しかし、「米中の頭越し外交」は、関係者にとってもびっくりものであったろう。また、情報に関しても、こちら側の情報収集能力がいかに劣るかも指摘できる。「米国にとっては日本の存在など、その程度のものだったのか」と、改めて気付いた人も多かったはずである！我々として今後も教訓としたい出来事の一つであった。

さて、対中政策については公明党の竹入義勝委員長の報告―中国も日本との国交正常化を求めていること―で、田中角栄首相が訪中を決断したことは周知のことである。田中角栄首相の政治家としての、鋭い反射神経と、稀に見る決断力でこの大事を短期間で成し遂げられたようだ。大平正芳外務大臣ら同行した政治家たちはヒヤヒヤの連続だったとのエピソードが今日でも残っている。

　その際、田中首相は台湾問題についての国内議論には見切り発車して、訪中することになった。その結果は、共同声明として残っている。(「日本国政府と中華人民共和国政府の共同声明」(1972年9月29日、田中角栄・周恩来によるもの。)(丹羽宇一朗著『中国の大問題』p.231以下を参照)

　ここで平和友好の共同宣言の第3項目を特に書き写しておきたい。
「三、中華人民共和国政府は、台湾が中華人民共和国の領土の不可分の領土の一部であることを重ねて表明する。日本国政府は、この中華人民共和国政府の立場を十分理解し、尊重し、ポツダム宣言第8項に基づく立場を堅持する。」
　この第8項には、魚釣島が中国に属すとは書いていないが、

沖縄の領有権まで、議論の余地があると一方的に相手側が述べている。これは、「中国は実に強欲な国民である、」と言わねばならない項目である。戦後の講和に中国は出ていなかったし、施政権が米国から戻ったことで、尖閣は日本の領地であることに、なんの問題もない。(『人民日報日本語版』、2014年7月28日号参考)中国側が資源（石油）が埋蔵していることの発表とともに、その態度を急変させたのである。

　ただし、日本と台湾との交流、貿易は戦後も続き今に至るまで大切な友好の道である。しかも台湾の経済は、IT産業、特に半導体などで世界のトップクラスである。さらに、日本統治時代の物心両面での行為に対して素直に向き合っている。台湾は、今や独立国、であり親日国でもある。植民地時代の後藤新平らの叡智、努力をこの際、再び思い出して見よう。韓国は、日本統治時代の公共建物を壊すが、台湾は、それらを大切に保存し今日でも利用している！

　中国は、日本が、孫文を始め「新中国の種を蒔いた」人々（宮崎滔天、頭山満、犬養毅や）に対して行った親切や日本の様々の貢献のことなどは「意識して忘れている」ように見える。(金文学 著『中国人による中国人大批判』第4章、孫文の項参考)。

否むしろ、戦争中の悪事を歪曲し、下手な映画や演劇などを今
も国民に見せ続け、「南京大虐殺（30万人の虐殺）」等を、大げ
さに宣伝、教育することばかりをしている。靖国参拝にも目を光
らせている。（筆者自身は、国民の多くが参拝できる場所を新た
に造営することを求めている者である）多くの国民も、この靖国
の議論にはもううんざりしていると聞く。実際に訪日した人々は、
その場で、自国政府のひどい反日教育に気づくともいう。為政者
の責任は大きい、事実とちがっていてもそうするのは、国民を操
りやすくするためであろう。

　さて、1978年8月12日、上記の共同声明を受け、日中平和
条約が締結された。そこには園田直、黄　華両外務大臣の名が刻
まれている。今日気になるのは、その第1条である。

「両締約国は、主権及び領土保全の相互尊重、相互不可侵、内政
に対する相互不干渉、平等及び互恵ならびに平和共存の諸原則の
上に、両国間の恒久的な平和友好関係を発展させるものとする。」
田中首相は、会談の最後になって、尖閣のことを気にして周総理
にわざわざ、「このことはどうしますか」と問うた。「今それを問
題にすると、もう何も決まらないいことになる……」と周総理。
田中、「そうだな……」。

すなわちこの時に尖閣問題は棚上げになったと思う！さらに、「カイロ密談」で蒋介石は、国共内戦に集中したくて、「琉球はいらない」とも発言していたと言う証言もある。(遠藤、前掲書p.194 -197)

　さて田中首相の訪中は、ニクソン訪中に遅れること、わずか半年あまりで行われた。性急であったが、誰も、このことを咎めることはできない。米中の間にある日本は、いつも、情報に注意して生き、できれば、公平さにも勤めるのが最善の生き方であろう。さらに、もっと戦略的思考もそこにあってもいいだろうが、、、。

　台湾をどうするか、尖閣問題をどうするか、これらは「棚上げ」になったのか、「密約」はないのかが、今日、本格的に問われることになってきた。「棚上げにしよう」、と周恩来が提案したのが、それは相手側として正しいようだ。では今なぜ、軍事力を使ってでも、「台湾解放」というのか！尖閣諸島問題が、そこに関連してくるのか。

　その背景を今これ以上掘り下げることは困難であるが、今こそ大切な日本の死活問題であろう。

　アメリカは『台湾関係法』(Taiwan Relations Act) という軍事同盟関係とその法律（1979年）を制定している。日本は、こ

の点でも、曖昧にしたままやってきたことになる。

　さて今は、間違っても戦争にならないように対立を和らげていく「戦略」を練ることが必要である。日本人はこの分野では得意ではない、すなわち、戦略を練るのが上手ではない。戦略というだけで、何か後ろめたいような、罪悪感が纏わりついてくるのは、筆者だけだろうか？

　やっと辿り着いたのは、日本は当然「自己防衛」の権利を持つことである。全力で、国民の、生命と財産を守り、久しい間に築いてきた文化は死守するということである。正当防衛は、憲法などを変に改正しなくても、国際法でもすでに認められた「当然の権利」であることを肝に銘じておきたい。

　さてこの「防衛」はどこまでやっていくのか。従来は専守防衛にこだわってきた。最近の日米の「2plus2」ではかなり踏み込んだ宣言をしてくれた。実際の現場の声が聞きたいが、準備万端ではなさそうである。国民が、この点で少し「平和ボケ」していないだろうか。米国は、ロシアのウクライナ侵略を受けて、さらに台湾防衛に「曖昧戦略」を放棄して、「関与する」とまで言ってのけた。(「バイデン大統領、2022年5月25日、東京で」)

　次に難しい問題なのは、集団的自衛権の問題である。

　2022年11月末の国会では、「敵基地攻撃能力」に自民公明が

合意、抑止力を高める必要性で一致した」という段階にまできた。
^(注4)国民的合意が次に大切になろう！

「中国人の本質について―コロナ」

　2020年の「武漢肺炎」、と新型コロナウイルス拡大の責任は、中国にあるのはほぼ常識である。発生を国民、世界に対して隠していたのがよくない。台湾はいち早く入国拒否の対策をとったし、感染者も異常に少ないのがこのことをよく証明している。かっての感染病、「サーズ」と「マーズ」の時の経験が生きているらしい。

　馬渕睦夫氏、（元外交官、ウクライナ大使等）は『2021年、世界の真実』でこの件を基にして、「中国人の気質」について、次のように教えてくれる。

　「コロナウィルスは、アメリカが持ち込んだのだ。」と中国は一時は反論した。「大きな嘘」でもって堂々反論するのが、昔からの中国の態度である。「南京大虐殺の嘘」も同じだと渡辺氏もいう。こうした件では、NSC（国家安全保障会議）がリーダーシップをとってキャンペーンをすべき」とまで書いている。（同書p.53－54）

　確かに、日本人は、明らかな嘘で持って反論することには、躊

踏する。筆者も、外国人は一般的に、若くても堂々と相手に反論するのを仏国留学時代（1967 年-1970 年）にたくさん見てきたし体験もしてきた。一体どうしてそうなのかは、これは長い間の疑問であった。できれば、良し悪しよりも先に、この問題に関連して一控え目な態度で相手を傷つけないようにする日本人の性格一、なぜこの性格が出来上がったのか一を解いてみたいものである。

さて中国人の大切にするものは、まずは「親族」だとも言われる。孔子の一文を見てもその点よくわかる：

家族親族が先である。つまり、より大切とされる。（孔子の『論語』参考）、公の精神は後回しになるか、無視される。

次に 20 世紀になっての親族観の変化について専門家の意見を参考にして書いておこう。

「宗族の崩壊」が大きな、中国での変化であったといわれる。

まず石平氏の書物から引用する。（参考書欄）

彼は 1962 年、四川省成都生まれ。哲学の勉強をしていたが、天安門事件から日本に来て、文筆活動に入っている。まず、

：「中国共産党によって中華人民共和国が建国される以前に中国は、3000 年の長きにわたって「宗族」によって社会の基盤が維

持されてきた。」（p.56）と書いている。

　この制度は「家族中心主義」の基本原理とも言えるもので、中国伝統の「父系同族集団制度」を意味している。このことに関して、同氏はさらに40ページにも渡り、詳しく書き入れている。共産党のイデオロギーからすれば、（p.116）それまでの王朝や国民党が融合を図ってきたようには、地域社会を支配する宗族と良好な関係を保つことは不可能である。

　毛沢東の湖南農民運動考察報告」（1927年、国民党と合作して革命を起こした際の報告）を見てみよう。そこで、毛は4つの打倒目標！をかかげている。

　1、国家—中華民国の国家権力。
　2、宗教。中国3大宗教の儒教、道教、仏教その他あらゆる宗教。
　3、宗族
　4、夫権、伝統的な男尊女卑のこと

　毛は農民に地主階層の土地を与へ、地主たちを殺害させた。さらにのちには、共産党は1950年代になっても生き残っていた、郷紳や地主を皆殺しにしていった。

共産主義がこれらの習俗を根底から崩壊させて、今日、「お金以外には何も「信じることのできない社会を作った。」と石氏はいう。日本は、賢明にもこうした、呪縛から逃れ生きてきたことを、別の著書（『なぜ日本だけが中国の呪縛から逃れられたのか：脱中華の思想史』、）で描いてくれている。

　石氏の文章は平易ながら、味わいのある文章であり、説得力もある。同書のp.215には、「日中思想史」の分かれ道をわかりやすく解説している。

「飛鳥時代と奈良時代の日本人は、仏教といういう普遍的世界宗教を全面的に受け入れることによって、中華の世界に対抗した。平安時代から鎌倉時代、室町時代の日本人は、仏教を日本化させ、さらに神道の仏教からの自立を促すことによって、別の意味においての中華への対抗を試みた。

　そして江戸時代、朱子学の台頭で、「中華崇拝」の風潮が広がるなか、素行が発した石破天響の「日本こそが中華」論は、まさにこのような日本史の伝統に立って、中国に対する日本の優位を正面から主張した。」と説いてくれる。「思想の創出のドラマ」を氏は見せてくれていると思う。

「日中関係の現在　その1」

　先に述べたように 1972 年から、新しい日中関係が開かれた。しかも急に新しい時代が始まる。その決定はまことに急なことであった。

　当時接触をした田中内閣の閣僚たち、また普通の日本人である我々は、このような経緯を本当に知っていただろうか！これらの関連書のキャッチフレーズにある、「拝金主義の走る、この現代中国人の心の闇」についてどこまでを知って、日本企業の関係者は大陸へ大陸へと、進出して行ったのかはなはだ疑問である。「パナソニック」のように特に相手側から是非と言われて教えに行った企業もある。今はどうか、すべての手の内のことを学ばれて、（向こうとしては、すでに所期の目的はもう達成した。）もう要らないよ、すべておいて行っていいよ、という扱いである。

　無知なのは筆者だけであってほしいものである。多くの日本人が 1972 年以降、初めてこのような問題に直面することになった気がする。一方、アメリカの指導者たちはどうであったのか詳しくはわからない。ただ、トランプ大統領は、「ハーウェイ」の行動から、技術を盗まれると、中国の本質を見抜いたようである。この点での、氏の実業のセンスは見習うべきだろう。

（藤井厳喜：国境ある経済に復活、第 1 章、徳間書店参照）

1978 年 8 月、日中平和友好条約の調印がなされた。米国の方
は、1979 年 1 月に、国交樹立なる。日本は、中国の経済的発展
を願って協力し、こちら側もビジネスチャンスを得て、相当の利
益を得たものと思う。さらに ODA（低開発国援助）の支援も長
く続けたものである。その間、中国は黙ったままで、力をつけて
いったのである。先に地図で示したように軍事力も同時に着々と
つけて行ったはずである。

　次に、今日の日中間の時事問題（2020 年–2022 年）に触れて
その現状を捕捉していきたい。

「香港の民主化弾圧、国家治安法の施行」

　習近平が国家の主席（2014 年）となってからの時代は、荒々
しく激しい空気が国際的に広がってきた。もっとも宮本元在中国
大使によれば、2009 年ごろからすでに中国の対外強硬姿勢が強
くなった、という。2010 年には「核心的利益」を口にしだした。
習近平になって、それが「強軍の夢」となった。（宮本雄二氏の本、
第 8 章）

　香港に対する締め付け、ウイグルの人々への激しい同化政策、
収容施設への収監等、そしてアメリカのトランプ大統領が、4 年

前から、貿易問題を中心に激しい対中制裁合戦にのり出したこと記しておきたい。バイデン政権は今の所、（2021年3月）前政権の政策を継承すると発表している。中国に対して、急に柔軟に接するわけにいかない事情（個人的に何かあるのではと噂されている）を抱えているのかも知れない。

「なぜ習近平は香港制圧を急いだのか」

　これは不思議な事柄であり、まともに取り組まれていないようである。2047年まで、一国二制度の約束をしていながらどうして、それを急に早めたのか。専門家の意見を聞きたいが、意外と適切な見解が見当たらない。

　不思議な事柄ゆえに、また自明すぎるせいだろうか、筆者は素人であるがこのことから今日の中国問題、や日中関係に入っていきたい。即ちなぜ、習近平は、急いで「香港問題」に取り掛かったのか？

　民主化の問題（彼にとっては敵にあたる）を早く片づけて、国内に批判が広がるのを抑えたかったのだろうか。

　一般的には、「腐敗撲滅」から彼の政治行動はスタートしたと言われる。現に、共産党幹部の中で、不正蓄財などの罪で失脚し、収監された者は数え切れないほどいる。最後には、取り締まって

いたボスも失脚してしまった。これは周永康のことを指している。

　彼は、石油利権を持ち、また、治安問題を担当していた。さらに、重慶市の元書記、薄熙来も収監されている。習近平のライバルである。この薄の夫人は、イギリス人殺害の罪で、死刑判決を出された。しかし、執行は猶予されているというニュースが入っている。

　さて、ほぼ同時期に、中国南部を中心にして大洪水が発生していたというニュースも入っている。巨大な三峡ダムが持ちこたえられるのか、流域の人々、下流の国々も心配している。そこへ、新型コロナウィルスの蔓延が起こった。全世界に早く情報を流さずに、病気が広がったことは、中国の指導者にその責任があるはずである。

　また、2014年–2015年ごろから、中国経済の発展にブレーキがかかり出したことも考慮しておきたい。『中国の時代は終わった』とは、驚くべき本のタイトルである。（宮崎正弘著参照）

　こうした中で、香港問題、特に民主化を堅持しようとする人々が世界に彼らの考え方を行動で示していく。中国の政治権力は、こうした事情から、関心を外に向け、住民の民主化を押さえつけ取り締まる事ことに専念したのではなかろうか。1997年、99年間の租借が終わり、50年後の「2047年」までに、中国に、穏や

かに、平和裡に香港を編入させればよかったのではないか？イギリスともそう約束していたはずである。アメリカも、民主的にすれば、特に批判や反対はできない。

　ではこの「急激さ」は何故なのか。意外と取り上げられていないので、筆者のような素人が、推測することになる。以下、基本的なことを整理してから問題を整理し、一定の考えを出して批判を仰ぎたい。（坂東太郎氏の記事2020年7月10日、参照）

　中国（中華人民共和国）の国会にあたる人民代の常務委員会は香港の「1国2制度」を骨抜きにすると公言し、国際的に注目されている。イギリスから中国に返還する（1997年）に当たって、50年間は経済では資本主義を、香港特別行政区基本法が保障する。「言論・報道・出版の自由」「集会の自由」なども、それぞれ認めて「高度の自治」を指す。国際組織への単独参加や異なる通貨などの権限を持っていた。これは90年に可決成立していた。

　香港は、清朝末の戦争、革命列国の分割のたびに、中国大陸の人々の避難所、疎開先としての役割を果たしてきた。日清戦争で敗けたのち「新界」部分の租借を（1889年から99年間）認めさせた。」

　余談であるが、日本も1915年に、「対華21カ条要求」を突きつけて99年間の租借を突きつけてたが、列国に嫌われ、その上

かえって大恥をかいてしまった歴史がある（大国の密約もあった）。要するに外圧による歴史のくり返しを恐れたのであろう。

「香港の歴史と中国への暴力的同化」

　香港人のアイデンティティがその後問われることになる。初め人々は、住む権利を得たが所詮は植民地であり、「香港総督」の支配下にあり自由などなかったのである。それが1980年代から、徐々に民主化、自由を求めての活動も出てきたようだ。

　出版も自由になり、様々の民主化の要求も出てくる。本国の体制批判批判も要易になってくる。そこで、30年もすると香港はどうなるのか、2047年までは待てないという空気が出てきていたのであろう。筆者の記憶では、習近平の愛人スキャンダル本が出た時には、本屋（銅鑼わん）の支配人が、逮捕された。その人は、今は台湾で活躍しているというニュースも入っている。

　従って、国際的約束は、自己本位の考えからすると大切ではなく、民主化の行き過ぎを抑え、体制維持を最優先とした行動に出たのではないか。中国の考え方は、約束や条例よりも、自分の身を守ることが「国際法にかなう」のである。次章で扱う台湾、尖閣列島の所属問題も同じ考え方で主張するのであろう。

王毅国務員兼外相は、さらに、香港の選挙法改正に触れて、「香港の行政長官や立法会の議員候補」は「愛国者」でないといけないと言う。（2021年3月8日）「愛国」は、社会・共産主義思想信仰」と同じで中国の「五毛党」に近い思想の持ち主の人のことらしい。従って、この「愛国者」とは、今までにない定義がいるようだ。Weblio辞書によれば、2004年ごろから始まり、インターネット上で、中国共産党政権に有利な書き込みをする、また共産党に関して批判をする人へ集団攻撃をする。それで、支払いを受ける人々（毛は人民元の10の1。5毛で、今日では8円40銭）の集団である。　SNSの投稿は2015年、4億8800万件あったそうである。こうした発想もお金が第一の国にはふさわしいことではある！もっとも、これら若者が、かっての紅衛兵のような役割をしだすと中国人民すべてが困ることになろう。

［中国からの企業脱出］

　ジャーナリストの宮崎正弘氏は自ら現地に赴き、生の情報を提供している人である。中国についても、氏がその経済の先行きに影がさすと言い出したのは、2014年ごろであった。
確かに、GDPが世界2位（14億の人口だから、一人当たり1万ドルをやっと超えた）になり、日本を追い越した。日本の人々は

がっかりしたのと、同時に向こうでは次の目標を立てたのではな
かったか。それだけに、第一印象は、世界はまさか！であった。
アメリカは追われる身になり身をひきしめたことだろう。ついに、
「アメリカ・フアースト」のトランプ大統領の掛け声が聞こえて
きて、それが人々の共感を予想を覆して得たのも頷ける。

　さて、上記の宮崎氏は、まず『中国の時代は終わった』(2014)、
『中国・韓国を本気で見捨て始めた世界』(2014 年)、『中国、韓
国は自滅し、アジアの時代がやってくる！』(2015 年) と次々
とこの年 (2015 年) に出版している。
　渡辺哲也『中国壊滅』(徳間書店、2015 年)、や副島隆彦『日
本が中国の属国のさせられる日』(2016 年 4 月) もほぼ同じ頃
出版されている。2014、5 年ごろからこのような内容の本がど
うして増えたのか。以下で少し考察してみたい。
　バブル崩壊の兆しであろうか。確かに、そのころから中国での
不動産関係の倒産のニュースが伝わって来だした。
　一方で、「中所得国の罠」(一人あたり GDP が 1 万ドルの壁)
にはまっているのではないかという意見もある。人口減少問題を
捉えて、「中国はアメリカを抜く経済大国にはなれない」(ブレン
ダール・コール、Newsweek、2012 年 2 月 21 日) という意見
も出ている。

これらは、比較的に最新のニュースであり、日本はその頃まだデフレ脱却ができずに苦しんでいた。本書でも以下で関連する本を利用し、参照させてもらって、これからすべき点を整理し最適の答えを出したいと思う。コロナ感染症の件—経済面への影響—は一旦切り離したい。

　さて、先にも引用した邱永漢氏はこうも書いていた。(「『中国人と日本人』p.221」)

「大中華経済圏はもうそこまで来ている。香港が広東省をバックにして香港経済圏を作りつつあるし、台湾人が福建省を生産基地にして台湾経済圏を作りつつある。あと、何年か経ったら、中国大陸、香港、台湾を結ぶ一大経済圏が形成されることはほとんどまちがいない。それに、2600万人の華僑が住む東南アジアが加われば、世界の人口の3分の1がその中に取り込まれる……。こうした動きの中に日本及び日本人が加わるかどうかは、日本人が今後どういう役割を果たすことになるかによって決まる。それも21世紀が来るまでの今後何年かの間の動きによって決まると言ってよいだろう。」

　この予想があたったかのかどうかは、一目瞭然である。時代予

想が当たることは、まずはないものである。どうしてか考えて見るまでもなく、現実は、変化するものの項目数が非常に多くあり普通の頭では変数の整理に無理があるせいではないだろうか。しかし、AIがすべて見通すのも味気ない気がする。

　余談であるがスポーツ評論家たちのプロ野球の予想も大抵は外れる。予想が当たりすぎたり、その通りになるなら、観戦する人がなくなるだろう。しかし冗談ではなく、社会の変動にはそれに関わる数字が多すぎて複雑なので予想がはずれるのである。さらに、人間の価値観も深く関連してきて、予想が外れることの方が、むしろ当然であると思う。しかし、経済法則などは無意味であると言うべきではない。

　上述した著者の本が出た頃、こう書いている。「今後、日本企業の大陸への投資が怒涛の勢いになり、両者の相互理解がますます必要になると思ったからですが、執筆し終わって見て、文章だけでなく、経済から文化まで両者をうまく橋渡しするシステムができていないことに気がつきました。」彼はその後、そうした、サーヴィスの事業に関わって、大いに儲けたらしい。
　この後約15年、中国の経済が、ピンチだと言われ出したが、13万人の在留日本人や、3万以上の日本の進出企業はこれから

どうなるのか。困っているところも多いはずである。一方で、2010年にはGDPが39兆7983億円で、世界第2位になったこと、成長率も、2019年で、6.6％という統計が出ている。我々としても、一体何を信じたらいいのかわからない。

しかし答えは、渡邉哲也氏の本にあるようだ。彼は2013年に、アベノミクスによる日本経済の変化を見つけ出し評判になった経済評論家である。氏の執筆した『中国壊滅』には、なぜ2015年から中国が危ないという警告の本が増えたのかへの理由について分かり易い答えがあった！しかもその本の冒頭に答えがあったのである。

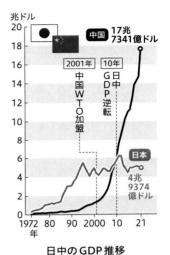

日中のGDP推移
世界銀行の資料を参照に筆者が描き起こした。

「中国のバブル崩壊が始まった」

2015年6月中旬に始まった株価の下落は、約3週間で30％の大暴落を引き起こした。中国株式市場の総額10兆ドルの3割、つまり3兆ドル（約360兆円）が吹き飛んだ計算になる。」（同

上書p.1）

さらに2021年3月には、ついに中国の不動産バブルが崩壊したというニュースが飛び込んできた。その後はどうなるのか。軍事費をさらに増やして、世界をさらに不安定にするのか？今のまゝの習近平政権ではありうることである！

かって、日本では、20世紀末に経験したバブルの最後に、総量規制が始まった。習近平の経済政策はどのようなものになるのか。コロナの中でもGDPを適当に増やして（6％-9％という）、世界を欺くのだろうか。李克強首相らとの政策上の確執もじっと観察していく必要があろう。

「日本企業の国内回帰と国内の雇用の創出」

さて、米中関係の大変化を、いち早く見つけたのも、渡邉氏である。

少しその本文をまとめ直して書けばこうなるだろう。

「2013年9月の、習近平主席による、新シルクロード構想の発表がある。これはドルの弱体化を狙ったもので、米中の新冷戦の始まりである。陸路と海路のインフラ整備は、SRIF（シルクロード基金）とAIIB（アジアインフラ投資銀行）の二つが担う。こ

れらが失敗することは見通されていた。」(p.64, および第2章、
覇権主義をむき出しにして惨敗する中国、参照)

　流石に世界中へのコロナウィルス感染病蔓延までは予想されて
いないが、中国経済には無理が積もっていたのかもしれない。少
子高齢化の波も押し寄せているのかもしれない。人口14億人と
はいえ、一人っ子政策で、子供の数は減ってきているらしい。

　ところで、統計を隠すということ自体、世界の指導的地位につ
く資格がないと筆者でも思う。そもそも自国の政治にも、不正確
な数字ではさし障るはずである。

　日本も2020年末、ついに補正予算に2435億円をつけ、中国
から企業脱出の援助の準備金とした。その現場にいる人たちは、
苦労の最中であろう！親中派の議員もそのために暗躍しているこ
とであろう！「独禁法」で、大きな企業は特に「共同富裕」の名
目で、儲けをもぎ取られ、いじめられることを考慮して置くこと
が必要になった。

「ウィグル人人権問題」も今、世界的に問題化している。日本企
業も12社この地方に進出いるという。(繊維関連企業が多い)
賃金安をいいことに知らぬふりでやっていると、そのうちに世界
からの厳しい反発を受けるだろう、また日本の「戦略的沈黙」が

いつまで続けられるかも注目すべきである。

　人権をいうときには、経済をどうするのかと必ず反論され、問い詰められる。世界で、自信を持って主張できる独立国にまで、まだまだ日本は達していない証拠であり、筆者も残念なことだと思う。

「極端ないくつかの実例」

　カルビーKK、が１元で脱出したというニュースが入ってきた。コロナを理由に、政府の援助を受けて、脱出を考える所も1800件あるという。投資した資金や工場は、持っては帰国できない！

　そこで工場を、さらに賃金の安いところを目指して出ていくものと思われる。例えば東南アジアの国々へと移動する。それがそれぞれの国に恩恵を与えることもあるし、日本に帰還して国内の雇用を増す方が国への貢献になるということもある。工場の行き先としては例えばヴィエトナム等は歓迎してくれる。

　新型コロナの中で、「一帯一路」の構想も、予想通りに崩壊するのではないか、という報道もある。中国のバブルははじけたと

言う。さまざまの業界から債務崩壊するという、ジャーナリスト
の見方は正しいのかどうか見極めるには今しばらく時間が必要で
ある。

「タンザニアの例等」

　以下で、中国の立場がぐらつく時が来たことを示す具体例を最
近のニュースからいくつか拾って記しておこう。（第４章で再び、
この件は取り上げる）

　タンザニアの大統領の次の発言は驚きである。正に刮目に値す
る。「中国の融資条件は、酔っ払いにしか受け入れられない。」こ
れを受けて、米国上院議員、マルク・ルビオ氏は、IMF,WBの融
資を適切にした上、アフリカなどの途上国に、これからは適切に
するようにという、意見書をまとめている。

　一方、2020年には、中国も経済的に、行き詰まりに入り込ん
でしまっている。しかし2015年のバブル崩壊からは意外と持ち
こたえている、と評価するユーチューバーも現れている。（畠山
元太郎のYouTube報道を参照）

「香港から台湾へ」

　2020年、新型コロナ騒動の最中、中国は騒乱の中で香港問題をなぜ急いで法律を制定し直し、自分たちの都合の良い制度に改変したのか。国際的約束を無視している、しかも経済的にも得策ではない。大いに疑問がある政策であるし、人権意識の高い欧米にも反感を買うことになるのは必至である。

　香港政府の行政長官、林鄭月娥（キャリー・ラム）、（11月26日の朝日新聞）は、立法会（議会）で今後1年の施政方針を示す演説をした。その中で、議員の資格剥奪をし、公務員にも政府への忠誠を誓約させる考えであることを明らかにした。前年から続いた抗議デモを指して、「社会的混乱」とし「香港独立を求めるなど公然と中央政府と香港政府に挑戦し、国家の安全に著しい危害を与えた。」という。また、香港国家安全維持法（国安法）施行で「反体制派の動きが収まり安定が回復した。」とも語った。

　2048年まで一国二制度、で行くという英国との約束を反故にしたのはなぜだろうか。なぜ、今急いで、民主派のデモを力で押さえ込んでまでして、国際的にも非難され経済的にも損害を被ることを強行したのか……。はっきりとした答えは出ていないが、素人である筆者は、香港の民主主義が本土へ拡散するのが、共産

党本部、特に習近平政権には恐怖だったのではなかろうかと推察している。権力闘争でも、香港を抑えて少しでも自分の立場をよくしたいという気持ちが作用していたのではないか。これが愚かな選択であると言われる日がきっと来るだろうと思う。民衆批判が怖かったのである。抑えるのに、武力しか持たない国や指導者はあわれである！

　香港問題の次は、台湾問題が、問題化してくるに違いない。同時に尖閣諸島問題も、ホットなニュースになるだろう。両者の距離があまりにも接近しているのも、その理由の一つである。

　詳しくは第3章で扱う予定であるが、「尖閣諸島問題」についてここで一言だけ述べて、この第2章のこの部分を終えたい。

　日清戦争は、世界の人々からは、日本が無謀なことをすると思われていた。それほど、日清には戦力の差があると思われていた。しかし、陸戦でも海戦でも、日本は清の軍隊、艦艇を次々に負かしていった。その結果、勝利して、下関条約を締結することになった。その第2条にはこう書かれている。：「第2条：遼東半島、澎湖諸島、台湾を日本に割譲する。」
　ここには、台湾は登場するが、尖閣諸島のことは書かれていな

い。条約の関連文書にも、その名前さえ出ていない。これは、日本の島々であることが自明であったからで、当然であるという、「日本共産党の論証」が説得力を持つ。中国は、石油などの天然資源が付近の海底にあることを国連発表で知ってから、急にこの島々の領有を言い出してきたと普通は思われる。（蒋介石の日記にも、後で後悔した、とある。遠藤誉の本、「カイロ密談」「蒋介石日記」等参照。）

　強引さや恥知らずな点では、この中国の真似は日本人にはできない。何年か前から、海警を日本の領海内にも出し、武器の使用を認める法改正を 2021 年 2 月 1 日に行っている。
日本も対応策を早急に作ると良い。それは、相手が島に上陸したならば、射撃していいとする、という法改正である。防衛は当然の行為であり、打撃力も欲しい！（敵地攻撃能力とまでは言わない）　日本は、後進国援助をするが、その上での計算をあまりしない。多少のビジネスチャンスに恵まれてはいるだろう。良心的態度であるが、時に国際関係では、バカを見るだけになる。（後述するが、ミャンマーを長年、援助してきたが、2021 年 2 月に軍部がクーデタをおこし、今やデモ参加の国民を銃で撃っている！その為にタイに逃げる人たちもいる。）

「日中韓サミット」

　このサミットは1990年代末、中国を巻き込んだ東アジアの枠組みを作ろうという日本の提唱で始まったものである。(2020年12月6日、「朝日新聞」の社説)

　以下の事柄は、すでに述べたが、もう一度ここで扱ってみる。それは、対中国の視点が入ること、最近になってより現実化した状況が現れたため、それに合わせていくために必要だからである。

　このサミットは12年前から日中韓が回り持ちで年1度開く定例会へと発展していた。それが、尖閣諸島をめぐる日中の対立などでこれまでにも延期されてきた事情がある。菅首相は、こうした問題の多い時こそ、前提条件ないしで、参加すべきであると「朝日の社説」は言う。コロナの感染拡大などの条件が緩和される時に、話し合いの場を持つべきだ、とも提言している。私見では、これは困難ではあるが賢明なことではあろうとは思う。さらに、日中韓のサミットは忌憚のない意見交換の場でないといけないのは言うまでもない。

　困難なのはそれぞれの国の「アイデンティティ」の作り方に関係していると思う。宮崎氏の本『中国・韓国を本気で見捨て始めた世界』から再び引用させてもらうとこうなる。「韓国が「執拗

なまでに反日行動を取る理由は、日本という悪と戦っている姿勢を常に見せないと国家の正当性が保てないことになる。」

　さらに、「北朝鮮に国家の正当性があるとする国内の左翼勢力の対応にも追われている。」からである。

　中国の反日と韓国のそれには共通点があることもマイナス要因になっている。「日本軍と戦わずして米国に開放して貰った国（韓国）、少しゲリラ戦をしたものの大負けして、ソ連の傀儡にしてもらった国（北朝鮮）、別の連中（国民党軍）が日本軍と戦っている間に山で英気を養い、戦後、前に戦っていた人々を追い出して独立した国（中国）」が束になるのも、「日本に戦勝したという偽歴史が作れない。なので、逆に「反日で合流する」のである。」これは鋭い心理分析であると言える。（後述する古田氏のブログから引用。）

　韓国については、「イガンジル外交」（告げ口による離間）がよく使われて有名である。例えば、慰安婦像を、アメリカやドイツに建立する。そして、日本はこんなひどいことをして平気でいると宣伝する。そのためか、皮肉にもアセアン諸国には韓国支持は2％しかいない。この種の外交は、手口の知られていないところでしか通用しないのである。なお、ドイツでは最近うそに気づい

て像を取りのぞいたという。（以上、古田博司のブログ『見にく
いが、目をそらすな、隣国・韓国』より）

「東アジア周辺国をめぐる諸構想」

　ここで、我々の周辺国の様々の構想（経済、政治、安全保障）
を取り上げてその内容を簡単に整理しておきたい。それは対アジ
ア、対中国戦略を練っていく上で役に立つだろう。第一次冷戦（米
ソ）の際との違いは、経済交流がたくさんある中で、同時に安全
保障も考える必要があることである。「「経済安全保障」という言
葉もよく見かけることになったのもこのような傾向があるせいで
あろう。

　現状から考えて、「答え」をごく簡単に書けば次のようになろう：
「予想外に複雑な中日韓の三角関係　─韓国は日本より中国に傾
く─（Newsweek, 2019 年 2 月 5 日、ミンシン・ペイの記事）
がキーワードとなる。その上で、様々な約束事に対応していくこ
と、となろう。以下で、今後の考察のメモのために、諸々の約束
事の一部を書き出しておく。

「TPP、RCEP」(経済関係)と「QUAD, G7、G20(安全保障関係)との関連」

　まず、「TPP（環太平洋経済連携協定）」は日米豪など12カ国が2015年10月に大筋合意した自由貿易協定であり、それが今後の協定の出発点になる。当初、日本は出遅れていたが、不思議なことに、いまではリーダーになってしまった。それはトランプ前大統領が、就任直後の2017年1月、TPPからの離脱を表明したからである。同年11月、日本など11カ国が米国抜きのTPPで大筋合意した。そして2018年12月に発効した。今日（2021年）では正確には、TPP 11、またはCPTPP（包括的かつ先進的な環太平洋パートナーシップ）と言ったほうが良いかも知れない。

　この間の変化の経緯を出発点から到達点まではっきりと捉えていた人がいる。「TPP亡国論」の著者、中野剛志氏である。同書の「おわりに」から引用する。これはすでに、歴史的文書となった感じさえする。

　「TPPへの参加など、論外である。………アメリカは、自国の雇用をへらすため輸出増戦略に転換しました。その輸出倍増戦略の一環としてTPPは位置付けられおり、輸出先のターゲットは日

本です。トランプ大統領の脱退宣言のあと結果として、日本が中心で進める結果になったのは幸いである。」（p.248以下より）今日（2021年）、それだけに日本の責任が重くなった。

　例えば、中国の習近平国家主席は、2020年11月、TPPへの参加に意欲を示している。（朝日新聞より）、すぐに韓国までが、参加意思を表明したので、みんなが驚いている。輸出先としても第一位に中国が占めている。しかし、韓国は、そのことだけでなく、中国に従うのが、安心という国民性がすでに昔から出来上がっているのではないか。かっての日本が、国際的な場でアメリカの意見にいつも賛同していたことにも似ている。かっての日本のイメージとも重なり、事情に通じた人は笑ったことであろう。

　もちろん中国のTPP参加には、日本などが、否定的である。中国が、国有企業の扱い、補助金の規律、デジタルのルールなど、政治体制、産業政策で相容れないルールをつくり、それを守っているからであり、当然、中国のこの協定への参加は相応しくないからである。しかし、それをはっきりと言う政治家はいるだろうか。「戦略的沈黙」は、今は良くないが、はっきりしない方がかえって得になるという考えになれないものである！
　米中との距離感をどう取るかが、今後しばしば日本の政治家の

判断、いや国民全体の思考にまつわりついてくるだろう。ヴェトナムも一党独裁体制ではあるが、このTPPに参加できたのは、規模が小さいからであり、中国と同一視はできない。（宗像直子談）

「RCEP（アールセップ）とは何か。」

これは、「東アジア地域包括的経済連携」といわれるものである。ASEANの10カ国と、日本、中国、韓国、インド、オーストラリア、ニュージーランドの合計16カ国が自由貿易協定を結ぶことを目指している。

元は、アセアン（ASEAN）に日本、中国、韓国を加えた自由貿易の構想であったが、これを発展させたものと言える。しかし、現在の政治状況（韓国は、中国の方を向きその顔色を伺う傾向がある）、が、協定の締結を難しくするだろうと誰でもが懸念する。

政治と経済を分ける考えが、どこでも、いつでも試練にさらされる。経済効果のみで立ち行かないのが世界の常識であり、世界の平和や安定の困難さでもある。日本も当然、この流れの中にいるし、そのために情報を握るメディアの責任も重い。最近では、中国が、「デジタル人民元」を「ドル」に代わって世界通貨にしようとしている。その野望に気付き、米国はさかんに妨害している。日本もこの点に気をつけねばならない。

さて RCEP だが、難しい判断であるはずなのに実に、あっさり
と、日本の国会は批准をした（2021年4月末）。中国と韓国もこゝ
に入会したのである。日本は、農業面で頑張らないといけないだ
ろう。この協定のために大切な「日本の味」と「食の安全」を失っ
ていくことになる危険性があるからである。

　ドルが世界の交換（基軸）通貨になって久しいが、日本も戦後、
このドルの価値変動には悩まされてきたものである。「外貨準備
高」をいつも気にして、その額を増やしていくと、円の為替価値
が意図的に上がり、ドルの価値を意図的に下げるやり方で、「日
本人の労働」が、水の泡のように消えたことを筆者自身も目にし
てきた。その時々の、日本のサラリーマンたちの悔しい思いを忘
れてはならないと思う。しかし、「背後の価値観が違っている」
と知った今、日本人が人民元に操られていては、なおさら情けな
いと思う。「一帯一路」構想はすでに至るところで暗礁に乗り上
げており、失敗しているとも言える。

「FTA（自由貿易協定）」と「EPA（経済連携協定）」

　実用上はこの二つは同じものと言われる。
外務省はEPAが、FTAよりは広い概念とする。共に2国区間で

の経済活動（ヒト、モノ、金、情報）をあたかも１つの国のようにして経済効果をあげる協定のことである。障壁を取り払うことで、企業は関税を削減でき、地方自治体は企業の海外流出を防ぐことができる。近年、経済ブロックへと進化させることもある。FTAは反面、国の十分な育成がない場合、産業、特に農業がダメージを受けることがあるという。

「欧州からアジアへ」

　世界の動向は欧州からアジアへの流れが―特に、「安全保障」の面で、出来上がってきていると言える。　EUの軍艦やイギリスの空母が、今日では（2021年）南シナ海に向かっているという。アメリカはすでに、２隻の空母と打撃群を南シナ海に出して訓練をしている。同時に日本への期待も当然高まっている。

　しかし国民の国防意識はどうか。その程度ははっきりしない。残念ながら、政治上の士気ももり上っているとは言えず、その腐敗の指南に報道は偏っているように見える。また、国民の関心は当然ながら、今はコロナ対策に集中している。経済的に困った人々への援助は当然政治の役目であるが、物言わぬ国民をいじめることだけはやめてもらいたい。

　個人の自由を守りつつ、国に対する愛情を育てること、これは

難しいことであるが「統治」には求められていると思い、筆者も最後の能力を出して記録しておきたい。ウクライナ国民はロシアから今、国を守ろうと大統領以下、全員必死で戦っている。「歴史に学ぶ」、これほどのチャンスはないであろう。

　東北大震災から10年がたち、やっと生きる元気を取り戻してきた東北の人々のレポートにも感動する。

「QUAD」

　QUAD,（Quadrilateral Security Dialogue）は、「日米豪印戦略対話」、と訳されているもので、安倍晋三前首相が提唱（2007年）したとされる。その後トランプ大統領もこれに関心を示した。（2007年）その背景としては、成長を続ける中華人民共和国の経済力と政治力に対抗する外交的・軍事的な取り決めが必要であるからだとされる。オーストラリアは政権交代によって、紆余曲折があったが、2020年あたりから、この国はこの構想に加わり、今までには考えられないほどの対中批判が本格化してきた。

　イギリスも、EUから離脱ののち、TPP 参加に加えて、さらにこの QUAD への加入の意思を持っている。心強い！ことである。英国はかっては覇権国であったし、インド太平洋方面での経験は

残っているはずであり、関心が強いのであろう。

　一方、パプアーニュギニアには、すでに、中国の都市構想、（基地計画？）がある、という。都市化計画と偽装しているようであるが、相手側も、投資話しであることが魅力で、これに関心を示しているらしい。（2021年2月–2022年6月）我々としては、債務が、急に重荷になって、これらの国々の港が中国の軍港として取り上げられないことを望むのみである。

「G7、G20の古い関係」

　これらは、必ずしも軍事的会合ではないが、経済だけの集まりでもない総合的政策を練る場として構想され出発したと言える。提唱者の、ジスカール・デスタン仏大統領はすでに他界した。1970年代、オイルショックという石油の値段が急に高くなり、先進国が、経済不況に直面したときにこの会合ができた。場所はフランスのランブイエ宮殿であったのを筆者もはっきりと記憶している。当初は、米・英・仏・独・日本のほかにイタリアが参加してきた。いわゆる先進国のグループである。1976年にはカナダも参加した。冷戦終結後は、一時、ロシアも加わりG8となったこともある。しかし、ウクライナへの軍事介入や、クリミア併

合（2014）などでロシアの参加は中止になった。2021年の会合は、英国で、始まったところである。トランプ大統領の政治の舞台から退出後の、EUとアメリカの距離感がいかに近くなるかが見ものであり、エリザベス女王の最後の姿を見る場にもなった。

G7は、すでに古くなって、今は観光案内に徹している感じがする。先進国の会食の場とも言えるようになった。（特に伊勢志摩での開催などは、日本の観光宣伝になった。）

しかし、対中国問題を抱え、緊張感が漂っていたことも否めない。コロナ感染症の起源はどうか、など答えが出るだろうか！オリンピックをどうしても開催したい政府の意見はどうなるのか？これが関心を引く。

後者（G20）は、会合が大きすぎて、決定することも少なく、時に直接会って話すのも良いと言える程度のものになっていないだろうか。しかし、これも今や70億人の人間がグローバル化時代に生きていることの象徴であり、世界の指導者が直接会うのは悪いことではない。

「トウキディデスの罠」（The Thucydides Trap）から脱するチャンスにもなる。

このG20 は、G7 に加えて、アルゼンチン、オーストラリア、ブラジル、中国、インド、インドネネシア、韓国、メキシコ、ロシア、サウジアラビア、南アフリカ、トルコ、欧州連合、欧州中央銀行、の20 カ国・地域が参加しているからである。世界的な金融危機を避ける方策や気候変動問題などを話し合う。戦争を避けるには、痛みを併う調整が必要である。（A・アリソン教授のことば等を参照[注6]）

　財務大臣、中央銀行総裁、IMFと世界銀行総裁が加わりG20 の場で年一回原則的として出会う。敵味方、呉越同舟であることはもちろん否めない。安倍元総理が、文在寅韓国大統領を迎え、心のこもらない握手だけをしていたのが今では印象に残る。「文政権は今や、レームダックと言われる。このままだと、米韓同盟にもヒビが入ってしまう」と筆者はその場で思った。

　2021 年6 月のG7（英国、コーンオールで行われた）と、NATOとの「中国包囲網形成意欲」には、驚くばかりの危機感が伝わってきた。
　論理は飛躍するが、戦争、特に核戦争は絶対に避けねばならない。そうなれば地球に人間は住めなくなり、人類の終わりである。そのために、極度の貧困を避け、軍備の透明性を確保して、共に、

均衡した備えや考えを持つことにつとめ、経済の繁栄を目指すこと、常識ある若者の教育を行うことなどが大切であると思う。このように今日では良き指導者が持つべき資質は多く、するべき課題は山積している。人材を育てる仕事は、常に大切でありその価値はなくなることはなかろう。

(注1)　邱永漢『中国人と日本人』(中公、1993)、『中国人の思想構造』(中公、2000)

(注2)　守谷　洋『中国皇帝列伝』(PHP文庫、2006) p.190

(注3)　杉山徹宗『中国の最終目的』(祥伝社、2000) p.35 と p.153

(注4)　能勢伸之『東アジアの軍事情勢はこれからどうなるのか』(PHP新書、2015)。ここには、2015〜2022間の議論は当然なことにのっていない。

(注5)　進藤榮一『日本の戦略力』(筑摩選書、2022)

(注6)　「Hatena Blog」は良識ある意見を載せている。

[参考書]

邱永漢『中国人と日本人』(中公、1993)

邱永漢『中国人の思想構造』(中央公論新社、2000)

金文学『中国人による中国人大批判』(祥伝社、2006)

小野寺史郎『中国ナショナリズム—民族と愛国の近現代史』(中公新書、2017)

石　平『なぜ日本だけが中国の呪縛から逃れられたのか―「脱中華」の日本思想史』「(PHP選書、2018)

同上『中国人はなぜ「お金」しか信じないのか』(KKベストセラーズ、2015)

劉　傑『中国の強国構想、〜日清戦争後から現代まで』(筑摩書房、2013)

遠藤誉『中国外交戦略の狙い』(WAC,2013)

丹羽宇一郎『中国の大問題』(PHP選書、2014)

宮崎正弘『「中国の時代は」は終わった』(海竜社、2014)

同上　『中国、韓国は自滅し、アジアの時代がやってくる！』(海竜社、2015)

同上　『中国・韓国を本気でミステ始めた世界』(徳間、2014)

渡邉哲也『中国壊滅』(徳間書店、2015)

宮本雄二『習近平の中国』(新潮社、2015)

中野剛志『TPP亡国論』(集英社新書、2011)

杉山徹宗『中国の最終目的』(祥伝社、2000)

同上『真実の中国 4000 年史』(祥伝社、2004)

門田隆将、石平『中国の電撃侵略』(サンケイセレクト、2021)

3章

台湾・尖閣諸島 問題

「台湾の存在」

　台湾の存在が2020年になって、これまで以上に、ますますマスコミに大きく取り上げられるようになってきた。中国が、否むしろ、習近平政権が武力をもってしても台湾に侵攻し、そしてそれを獲得すること、「大中国」の統一を完成することを明確にしているからである。すでに幾度か書いたことであるが、「毛沢東」でもなし得なかったことを達成することに彼は生きがい（レガシー作り）を見出し、その気持ちを着々と実行に移しているからである。香港を強引に編入させたこと、ロシアのウクライナ侵攻も不幸な形で関連しているだろう。

　さて、最近、門田氏と石平両氏の対談本が出た。そこには、台湾問題に関して通常の新聞よりも、深い見解が、たくさん示されている。そこでまず次の一文を引用させていただく。「熟柿作戦（鄧小平時代の政策である。台湾の中国への経済依存度を高めていく。すると、台湾の内部に中国が浸透する。台湾の政界やマス

コミに徐々に浸透し、中国から逃れられないようにする。すると、いずれ熟した柿のように、台湾は自ずと落ちてくる。）の作戦について語られた後にこう記録されている。

「2020年1月11日に行われた台湾総統選では香港の状況を目の当たりにした台湾の人たちが蔡英文総統を勝利させました……。香港の民主化運動が広がり、改めて「一国二制度」は駄目だと、台湾人のアイデンティティに火がついた……。」[注1]

中国の指導者たちは、一般的に手柄ばかりに気持ちが入って、何が悪かったのか、そのマイナス面に気付いていないようである！国民の不幸はいつもその為に拡大するようだ。国民の富を増やすことを、さらに、すべての人の富と健康を守る、と言いつつも、一部の者が、その富を独占して堕落が始まる！歴史を見れば、その例に事欠かない、と二人によって語られている。

ロシアがウクライナ侵略（2022年2月4日）を突如行なった。プーチン大統領が同じく大ロシアの復活という幻影を追ってウクライナへ侵攻し、いまだにこの蛮行を続行しているのを見ると、「台湾有事」がより身近に―日本だけでなく世界中で―なってくる思いがする。世界のリーダーのみならず、世界の人々が固唾を

のんでこの戦いを見守っている。しかもまだ人類はコロナ感染症を克服していないのにである！干ばつと洪水も世界中で起こっている。最新のニュースでは、エネルギー不足や食糧危機も危惧され、いや現実化さえしている。インドのモディ首相曰く、「今、戦争をしている時ではない。」プーチン氏に直接述べたことばは実に名言であり歴史に残るにちがいない。

　一体、「大いなる中国」という言葉がなぜ中国で讃えられるのか。我々の国、日本人の価値観—世界の困った国に貢献をしつつ、JICA などを通し、ウィン・ウィンの関係をその国と深めて強めることを良しとする—との違いは大きすぎる！

　おそらく、日本という国はこの上記の方針で行くのが世界にとっても良いと思われる。

　毛沢東は、多くの国民を殺した。その失敗を、若者を使って、（紅衛兵）他の指導者らのせいにし、さらに多くの同僚を粛清した。これは 1960 年代のことである。「文化大革命」とはよくも、言い出したものである！さらに、学生の民主化運動を力でもって弾圧した「天安門事件」から今年で 33 年が経つことになる（2022 年 6 月現在）。しかも何人の人々が傷つき、犠牲になった学生たちは何人いたのか、未だに不明である。これを中国の現地に行って調べるとしても、すぐに、逮捕につながるだろう。理由の不明な、日本人の逮捕事件もある！

我々としては、民主的に運営され、自由、人権も守られている国や地域を強権で襲うのは、非常に愚かなことであり、許されないことと思う立場である。もちろん世界の「多くの人びと」が、この「中国共産党」の姿勢には反対することを表明している。

　幸いにして、G7もNATOも同じ強い関心をもってこの台湾海峡地域の出来事を注視している。特にオーストラリアの最近の対中国への姿勢や意気込みには、筆者も驚いている。経済的マイナスよりも、大切なことがあると、豪州の現実主義者が言うのを聞いたとき、筆者は感動した。

　しかし、貿易の利益や援助にはつい、弱い貧しい国の指導者の判断を狂わせるものがあろう！「貧しさにつけ込む」という日本語表現があるがこれはひょっとして中国から出た発想（？）ではなかろうかとも考えてしまう。

　アフリカにはじまり、南太平洋の島々にも、中国は、今触手をのばしているようである！後述するが、スリランカの独裁者も、ついに「何かに」気づいたようである。残念ながらまだ気づいていない世界の貧しい国々の指導者もいるにちがいない。

　さて、「台湾は中国の一部だ」と断言するのを見聞するにつけ、大いに疑問の多い考え方であると筆者は思う。台湾は台湾として長い間、独自に存在してきたのではないか？清国の時代にも、台

湾人は別々に生きていた。台湾は戦争の結果、清から割譲され、日本の統治時代を迎えた。清国が、何か統治したと言えるものは「悪徳」以外には何も残っていない。

　しかも、この日本の統治（特に、後藤新平らの統治）は、韓国よりもはるかに好感をもって当地で受け取られ、今でも語られている。日台関係は、今も昔も良好であり、民間の繋がりは永く続いている。

　次に、2020年8月27日発のロイターの記事を一部引用することで、今日の台湾情勢の実情にもっと迫っていきたい。「台湾を巡って米中両国による偶発的な軍事衝突発生への懸念が高まりつつある。周辺海域では米中の双方が次々に軍事演習を行い、領空を侵犯した中国の戦闘機に台湾がミサイルを追尾発射する事態も発生。米中関係が悪化している情勢下であり緊張感が高まっている。」……ある軍事評論家は、次のようにも述べている。「北の渤海湾から東部沿岸、黄海、南シナ海という4つの沿岸地域で演習を実施。これは、台湾海峡全般にわたる現在の安全保障状況を念頭に置いている」とも伝わる。こうした軍事演習の遊びから戦争に繋がるのは歴史の常であろう。かっての盧溝橋事件が思い出される。（1937.7.7）

　また、橋爪大三郎氏は、『中国vsアメリカ』（参考書の欄、第5章、p.178）で、簡潔にこうも書いている。

「習近平は、台湾の軍事オプションを取る準備と覚悟を決めている。そう判断するのは２つの理由からである。1、最高指導者のポストが２期10年とする慣例を捨て去ったこと。2、「香港国家安全維持法」を香港に押し付けたこと。しかもこの２つは繋がっている、というのである。

　なにしろ、「一方では、アメリカをはじめ、世界中が徐々に対中国で団結してきている。新型コロナの感染拡大の責任も問われる。ウイグル人権問題も、世界が注目しだした。」

　それでも軍事力を行使して、台湾を攻める行動に出るのだろうか？と筆者は思う。しかしこのような演説は、正直すぎるが、権力者の本音かも知れないとも思える。何しろ「一つの中国」にこだわり、「中国の夢」を唄い上げているから、要注意ではある。まさか、ということを人間は時には犯して来たし、また行ってしまうものでもある。

習近平主席の演説はさらにこう続く：
「解放軍の戦力は増強されて、我が国の周辺でアメリカ軍をしのぐまでになりつつある。台湾を解放して、祖国を統一する、我が国の悲願を達成する時が来た。3隻目の空母が、あと数年で就航する。そのほか戦力の増強も進んでいる。この統一は私の手で必ずやり遂げたい。ただ二期10年では、少し時間が足りない。そ

こで、少なくとも三期15年、私にやらせてくれ。責任は、私が
とる。台湾を解放し、統一を実現して、中国を世界で最も偉大な
国にしたいのだ。」（橋爪著、p.179より引用）

　トランプ前大統領も、アメリカをもう一度、偉大にしたい！と
その演説に、いつも盛り込んでいた。「偉大な祖国」という表現
が不思議にも両者で一致する。米中の新たな冷戦がすでに始まり、
世界は二分化されてきているとも言える。日本の立ち位置はどう
するか、厳しく問われることになってきた。日本の政治家は、「危
惧の念を表明する」だけを繰り返すだけではもう済まないはずで
ある。冷静に、かつ着実に国民を守り、国土の防衛の準備をすべ
き時が来ていると思う、、、。果たせるかな、「反撃能力」を打ち出
すか、どうかの厳しい問いが、（2022年12月1日）国会で問題
化してきたことを記録して、人々の記憶に残しておきたい。

　一体、国の偉大さとは、何なのか、一般的に政治家の知恵は大
切だが、それはしばしば単細胞の思考であることが多いと言える。
習氏の考えもその例外ではない。一方、我々の日本も、「満州国」
に国運をかけた時代のことを反省しなければならない。アメリカ
人の研究では、「トウキディデスの罠」にはまった16の例のう
ち9番目に刻印されている。

　プーチン大統領も、長期の政権にしがみつき、ロシアの偉大さ

に、命をかけているのだろうか？自分の利益と名声とではなかろうか？人々は、それとは違う何物かを求めていることを知らない。政治家に関してのみならず、統治について考え、哲学を持った人々を育てることがいかに大切かと筆者は考えている。西欧は、統治についてさえ、長い時をかけて哲学を作り出そうとしてきたのである！

「台湾の歴史」

　日本は明治になり、1874年には台湾へ出兵している。1871年にいわゆる「牡丹社事件」（宮古島の人達が、嵐で台湾の南部に漂着したが、原住民に誤解されて54名が、殺された）が起こったのを受けて、この島はどんなところか下見に行った程度で侵略意図からではなかった。しかし、この悲劇として今も人々は心を痛めている。慰霊祭は今も続く。

　ところが日清戦争後、下関条約で日本は、台湾を割譲された。そこは一般には、「土匪」の島、さらにアヘンの島と言われていた。すでに上記したことであるが、後藤新平（1857年–1929年）が、台湾総督府民政長官として、この島で行なったことが、今日では高く評価されている。後藤は第4代台湾総督の児玉源太郎の片腕として台湾統治の方針を考えたのである。

「医者として生物学的見地から人間生活を捉えたり、人間に無理のない社会構造を考えた人」だったと（『人間の価値』p.175）李登輝も『回想』しつつ書いている。李登輝は、もともと台湾人であり、この国のアイデンティティを形作った偉大な人物と言える。

　後藤の統治に関して少し述べると、例えばアヘン対策もゆっくりとやっていったようだ。統治方針の8項目の第1条がいかにも科学者らしい。（医者）「あらかじめ一定の施政方針を説かず、追って研究の上之を定む。研究の基礎を科学、殊に生物学に置くこと」、（『国家衛生原理』ですでに書かれた思想）これを受け入れた上司、児玉源次郎も立派な人物であったと思う。

　後藤の功績もあってのことであろうか、台湾の人々は概して親日的である。朝鮮半島と比較して、同じ様な植民地支配でも、韓半島は対照的に反日である。この「比較植民地史」に関しては、まだ学問にはなっていないが、渡辺利夫氏の簡潔な文章があることを述べておきたい。（同氏の本、「あとがき」、p.225–230 参照）
　さて後藤の立派な台湾統治は国内の主だった政治家たちに知られ、ついに、満鉄総裁のポストに推されることになった。日露戦争は、日本はやっと勝ったが、ロシアではこの戦争は、一時の中断をしたぐらいにしか考えられていないようである。日本の民衆

は、賠償金も入らないことに苛立ち、獲得した領土（南カラフト）
も大したものでなく、不満が収まらない。そのため、わずかな獲
得物である、満州鉄道利権にしがみついていくことになる！後藤
の躊躇は、重く深い。児玉源太郎とも相談したが、彼は急逝する。
このあと、満州鉄道の相談相手は誰がいるのか。相談相手には伊
藤博文のみとなっていた。児玉は軍の進出に危惧を持っていたが、
それがまた残念なことに、見事に当たってしまったのである。

　次に明治39年（1906年）「南満州鉄道総裁就任の事由書」の
冒頭を引用しておきたい。（渡辺の現代語訳、p.204）
「日露戦争は、おそらく満州の一戦をもって終了したのでは決し
てない。……第1に鉄道経営、第2に炭鉱開発、第3に移民、
第4に牧畜。農業工業の施設の整備、中でも移民が最も重要だ
と説いたのは君ではなかったか。」
　この児玉の説得で、後藤は、仕方なく満鉄総裁のポストを承知
した。伊藤博文がハルピンに赴きロシア側との交渉や現地の視察
を願ったのもこの後藤であった。これは前述したことであるが、
どうしても再び記しておきたい。その際の手紙に伊藤がどう答え
たのか、未だ、その書簡は出てきていないようだ。
　しかし、この後藤の真剣さに答えてロシアとの交渉に行くと答
えたのは、伊藤の柔軟さを示し、その暗殺は日本にとっては不幸

な歴史的事実である。

　初代満鉄総裁の任務は、おそらく後藤にとって、台湾とは比較にならないほど困難であったろう。ロシア、清、朝鮮、アメリカ、英国等々、、、これらの国々の利害の衝突する中で、日本の進むべき道を探して、いい答えを出さねばならなかった。軍部も力を持ってきている。国民の中には、損害が多くして、獲得したものが少ないと煽り立てる人たちもいた！

　しかし、軍部のような突撃型の突破は後藤には堪えがたかったことであろう。筆者の今日の答えは、この時に米国との対話が必要であったのではないか！である。鉄道も共同で着工すればよかったのではないか、と考える。現在の日本にも通じる問題であるし、解答として単独での国家行動は危険であると思う。

　以上の状況は、台湾、尖閣を狙う現代の中国といかに接していくか、その際の日本の態度決定に似ていて、しかもその時期が刻々と迫ってきていると言わねばならない。幸い、米国、英国も関心と共感を持って接近してきている。オーストラリアも貿易の利益よりもより大切なものを見つけたようだ。インドも自分たちの安全に敏感であり、味方になってもらうべき大切な国である。モディ首相は、前述のように目下のウクライナ戦争の件でも、プーチン大統領に直接、「今、戦争をしている場合ではない！」と明言し

た人である。しかし、インドの国益ははもう少し複雑であり、「し
たたかな国」でもあるは知っておかねばならない。

　ただ、東南アジアの国々も、知らず知らずのうちに中国の手が
自分たちに伸びてきたことに気づいてきている。その際、正しい
報道の力が断然必要であり、フェイクニュースを避けて、正確で
迅速であるべきである。（カンボジア南部のリアム海軍基地、の
変化などの報道記事、参照）

「本省人・李登輝について」

　さて2020年7月30日、先にも言及した、李登輝元台湾総裁が、
逝去した。

　日本人秘書として2012年から8年間、「李登輝本人から、、、、、
も奥様からも本当によく可愛がってもらった」と自ら述べる早川
友久氏の本が丁度タイミングよく出版された。同書を参考にして
以下のことを書き残しておきたい。[注2]

「李登輝総統は、自分が、総統に再選されることがわかっていた
が、選挙に出馬しなかった。

再選されたら、世界に独裁的な体制に見られ、再選よりも不出馬
よって、政権の交代があり台湾の民主主義が機能していることを
実際に世界の人々に見せた。」李登輝が良い、偉大な政治家であっ

たことがこれでもわかる。

「日本精神」（リップンチェンシン）とは、規律、清潔、正義感、冒険心ですと、こう書く人もいる。

　地獄だった「中華民国接収」の40年と、天国だった「日本統治時代」の50年、このような事実—現実を台湾統治に関して解き明かしている本も出版されている。^(注3)

　前述のように日本は、日清戦争以降、清より台湾を割譲されて50年間、台湾を統治した。

　長い日本統治時代が終わり、日本敗退と同時に、代わりに蒋介石の国民党軍、すなわち中国人が、約1万2千人の軍隊と約二百人の官吏とが上陸してきた。台湾人は、初めは歓迎したらしい。しかし、すぐに日本と中国の違いがあらわになっていく。婦女暴行や強盗事件が多発する。大陸からの中国人が、全ての要職を独占した。彼等が権力を振りかざし、不正と賄賂が横行した。総統の蒋介石夫妻は1600億円（当時のレート）の不正蓄財をした。

　元から住んでいた住民によって二・二八事件（1947年）が起こる。約1ヶ月で、3万人が虐殺された。（正確な数字はわからない）台湾人、知識人、ブルジョアが殺された。（大石氏の講座や、

藤井・林の案内、本等を参照）その後も、大陸から入り込んだ人（外省人）と台湾人（本省人）の差別が存在しつづけた。他国も台湾と断交していくことになる。

　朝鮮統治が、今もなお、とくに韓国で問題を起こしている時、台湾は、それに比較すると好意的であることは、我々に安堵を与え、深く考えさせることである。私見を挟むと、その中核には、植民地とはいえ、日本が「相手のことも考えて行動してきた」、ということがあるのではないか。それが同じ結果にならないのは、その相手国の背後の歴史の違いが存在する、ということではないだろうか。２つの植民地の「現在」を考えるとき、「エゴイズムは結局、負ける。」と筆者自身は思い、この言葉を長く信念としてきたことに多少の矜持を改めて持つことになる。

「台湾の持つ、核心的利益」

　中国人、特に中国の政治家は特に最近になって、中国の核心的利益ということばをよく使う。その内容は一体何なのか。台湾については一体何が中国の核心的利益なのか。これは我々を納得させない、独りよがりな、大袈裟な思考と言わざるを得ない。
　台湾が、中国のものだという、その根拠は意外と示されていな

いし、国際法上にも確固とした論拠はないのではないか！昔から、台湾には、いろいろの原住民がおり、清國から日本への譲渡も条約で決められたが、それ以前に、清がちゃんと統治していた記録もない。つまり実効支配が認められない。そのような状態で、しかも不慣れな儀式で譲渡が行われたので、第一に、台湾の原住民の人々が驚いたことであろう！

「高い山を占拠」

　江夏まさとし氏のYou-Tubeを聞いて、知ったことであるが、台湾の中部の高い山（玉山、戦前は、新高山と呼ばれた）を占拠することは―沖縄までこれで、レーダーで見通せる、―という面がある。専門家でないとその戦術上の利点については明確にはわかりにくいことである。素人でもわかるのは、南シナ海を台湾側から見渡し、またこの地点から東シナ海全体を見渡し、沖縄や日本までがレーダーで丸見えとなる―つまり中国に太平洋への道が開けて、太平洋を支配するということが可能になると言うことである。

「日本は数千年にもわたって国の南側の敵の存在を経験していないのです。」(注3) このような考え方を筆者は持った経験がないのであるが、この項目を書くには確かに大切な知識である。いわば、

地政学的思考の発見の一つでもあるだろう。

　しかも、日本は、南から敵に狙われ、安らかに眠れなくなる！これは素人でもわかる。したがって、台湾への攻撃は、尖閣列島から東シナ海の支配につながる、つまり、戦略的利益をもつことにつながっている、と言う「You-Tube」の論者の警告は正しいと思う。

　しかし、我々としては、あくまで平和的統一を、台湾の人々の意思を考慮して目ざしてほしい！と思う。さらに遠藤誉氏のコラム、「台湾懐柔」のための「統一戦線」が本格稼働」（2023.2.12）も見逃せない。日本は困難で苦しい選択を迫られている。参考までに次の報告もつけ加えたい。米政治学者フランシス・フクヤマ氏も最近の訪日時の印象から、「台湾有事に国民が全く準備できていない印象を受けた」と警鐘を鳴らしている。（JIJI.COM）

第1列島線とは　米中が対峙する海洋上の軍事ライン（日本経済新聞、2022年7月28日）を参照に筆者が描き起こした。

〔尖閣諸島〕

　この島々については、すでに幾度か記述してきたので、今言うべきことは、簡単である。竹島や北方四島と同様、我が国が実効支配をすることが大切である！漁民の人々の孤独な営みは映像で知られている。しかし、国民が、その気にならないと、これは、あまりにも孤独な戦いすぎるのである。もしこの諸島が失われれば、損失は歴史的に、のちの日本人に、申し訳ないことに

童門冬二著『決断』を参照に筆者が描き起こした。

なる！　かって、元寇に２度、立ち向かった、時の執権、北条時宗のことを、九州の人々たちや、対馬の人々の苦難のことを、国民が忘れていることにもつながることになろう！

　確かに、筆者も含めて普通の人にとっては、歴史は「思い出」であろう。時に思い出し、また次の瞬間には日常に戻っていく。戻っていかないと、日常生活自体が崩れる！忘れて今を生きるこ

とは、大切であり本当は難しいことである。

　さて、この尖閣諸島は、台湾にも近い。漁民たちは、昔からそこで漁業を続けてきた。日本は日清戦争後に、台湾を条約第2条で賠償の代わりとして、得た。しかも、遼東半島、澎湖諸島も得たが、これらは、露仏独の干渉によって返す羽目になった。このやり取りの裏には、露清との間に密約があったことが前述したように今ではわかっている。（ウィッテと李鴻章の間での密約、ロシア・中国間の密約等はその他にも現在明らかになってきている。）

　しかし、今問題化している島々の件については長い間、誰もが問題にしなかったことは事実である。

　この問題（尖閣問題）は周恩来・田中会談でも引き伸ばし（？）されて、以来ほとんど問題なく、年月が過ごしてきた。鄧小平の時代に一時は、漁船を大量に送り出して、日本の出方を探ったこともあった。また、忘れた頃に、漁船が、海上保安庁の船にわざと衝突してきたこともあった。これも、映像が漏れたおかげで、国民が知ることになったのである！

　近年は連日、中国海警の船が複数、日本の中国側には領海すれすれにやってきている。領海侵犯のケースもあり、さらに、中国側には発砲の権利もある、とかってに決めている。

天安門事件の活動家、陳　破空氏（今はアメリカに亡命中）は、次のように書いている。

「釣魚島は中国の領土であり、その領海は中国の領土である。中国の公船が釣魚島を巡航することは中国の管轄権を履行する正当な公務活動である。中国は長期にわたり、日本側が釣魚島とその領海で中国の領土主権を侵犯する活動を行なっていることに抗議してきた。日本側の同地域における『存在』と『実効支配』は初めから違法かつ無効なものである。中国には釣魚島の領土主権を守る決意があり、またその能力がある。」（p、86-87）。氏がその後のページで「中国共産党お得意の厚黒策略」の一部だと書かなければ、本人が一体どちらの立場かわからない程である。

　領土であることは、近海に石油が多く埋蔵しているという調査結果が出てから中国側が主張し出したことである。この点も、日本人としては、注視したい。さらに、潜水艦が、宮古島沖を通り過ぎて、太平洋に入ると、水深が深くなり、アメリカまで到達できることも、中国側に利益、アメリカ側の不利益がある、とも言われる。いずれにせよ、日米安保条約第5条に含まれた区域内であり、ともに守る（集団的自衛権）範囲内にあり、この扱いには毅然としなければならない。

　（2022年11月11日、朝日）の見出し記事は、こう書いている。

「海自・海保の連携　自民前のめり」。中国の沖縄県・尖閣諸島周辺での活動を活発化させる中、政府・与党から海上自衛隊と感情保安庁の連繋強化を求める声が強まっている。」

海保法25号のおかげで、現場は、もうすでに訓練をしている！東南アジアでも、訓練をしているらしい。「海上安全文化を根付かせるのに、25条は役立っている。」

　現場の方が進んでいるのを知って、今回の場合は、多少我々は安心する。国会でもやっと（2022年末）、「安全保障」での国民の理解を得るように議論が進むようになった。ただし遠藤誉氏の『「中国外交戦略」の狙い』を読めば、「中国の落しどころ」まで透けて見えてくる。まだまだ正確な現実の分析はむずかしいことであると言わねばならない。^{（注4）}

(注1)　門田隆将、石平『中国の電撃侵略』（産経セレクト、2021）特に第一章「台湾電撃侵攻」シナリオ、p.79。

(注2)　早川友久『李登輝〜いま本当に伝えたかったこと』（ビジネス社、2020）

(注3)　藤井厳喜、林建良『台湾を知ると世界が見える』（ダイレクト、2020）

(注4)　遠藤　誉『中国外交戦略の狙い』（Wac、2013）

[参考書]

李登輝『人間の価値』（興陽館、2021）

江崎道朗『朝鮮戦争と日本・台湾「侵略」工作』（PHP新書、2019）

橋爪大三郎『中国vsアメリカ』（河出新書、2020、12）

渡辺利夫『後藤新平の台湾』（中公、2021）

KITAOKA Shinichi:Goto Shinpei ,statement of vision, (Japan Library, 2021)

陳破空『日米中アジア開戦』（文藝春秋、2014）

能勢伸之『東アジアの軍事情勢はこれからどうなるのか』（PHP新書、2015）

石動竜仁『安全保障入門』（星海社、2016）

歴史街道編集部編『満州国と日中戦争の真実』（PHP新書、2022）

4章

日本と東アジア

「中華人民共和国」

　アジアとか東アジアとか、我々はこの言葉をごく簡単な気持ちで使ってきたが、世界地図上で正確にはどこを指すのかを考えだすと、すぐにはどこからどこまでだと明言するのには曖昧すぎる言葉であり、さらに論議を深めると複雑な問題も出てくるかがわかる。国連での定義を見ると、東アジアは、韓国、北朝鮮、中国、日本、モンゴルという分類である。他のアジアの分類には、東南アジア、南アジア、中央アジア、西アジアとある。

　さらに東アジアには、台湾は「国としては」入っていない。これは、前章で述べたように台湾が独立国として国連の加盟国でないからでもある。また、東南アジアは、東ティモールを除いて、ASEAN（Association of South-East Asian Nations）の加盟国である。その域内の人口は、6億人であり、EU（欧州連合）加盟国より人口は多い。

　なおフランスから見ると、日本は、極東（Extême-Orient）に位置するのである。さらにNAFTA（北米自由貿易協定）はカナダ、

アメリカ、メキシコの３カ国だけで貿易協定を構成している。これでいわば３極構造ができ、それぞれがグループを作る時代となった。

　筆者はほとんど実際にアジアの国々を訪問した経験はない、あえていえば極めて少ないと思っている。（マレーシア、シンガポール、ベトナム、台湾に少しの間、滞在しただけである）これも、福澤の脱亜論の悪い影響を受けたせいかもしれない（？）。

　そこで、まずは常識的で便利なアジアの定義を求めてみることにする。北岡伸一氏の『世界地図を読み直す』という著書が、この際真に良い参考書になる。それ故に少しこの本の核心に触れてみたい。

　北岡氏の経歴（東大名誉教授、国連大使、JICA理事長）から見ても諸国の事情に訓しいのは当然だろう。また、今後の新しい構想を組むときには、どうしても中国が出てくる。仲間に入れるかどうか、という問題も避けられない時代になってきている。(注1)

　さて、北岡氏の本の冒頭には、日本の生命線に関して、次のような文章が載っている。

「自由で開かれたインド太平洋戦略」という言葉は、安倍晋三首相が、2016年8月、ケニヤで開かれた第6回アフリカ開発会議（TICAD VI）で初めて使ったものである。今では、アメリカもこれを主張するようになっている。それゆえ、これを米中対立の一環と捉え、また、中国の「一帯一路」に対抗するものと捉えている人も多い。私はそうでないということ、述べたいと思う。」

この文章の最後の部分は、特に意味が深くかつ重い、と言わねばならない。筆者も含め、「一帯一路」と「インド太平洋戦略」とは「対立するもの」と捉えていた。しかし、氏によると、これらは「戦略」でなく「構想」というべきだとする。構想とは、多くの政策の上位に来る目的ないしヴィジョンである、とも言う。しかし、いろいろの局面において、米中、日中の問題では対立が生じて来る、のも現実で事実ではないだろうか。

　まずは外務省の、特にODA（Official Development Assistance,（政府開発援助）の援助先の地図を参考にしてみる。日本はこれによってみると、ODAを通じて平和構築、基本的人権の推進、人道支援を含むもので世界の開発途上国の開発に貢献しているこ

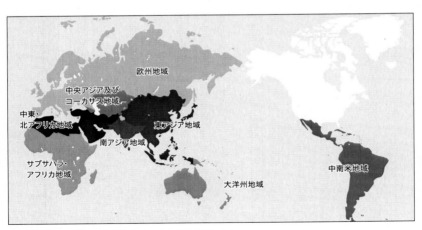

外務省・国・地域別の取組みを参照に筆者が描き起こした。

とがわかる。もちろん、大変良いことであると言えよう。

　これを東アジア地域にしぼって見るには、北岡氏の書物の以下の地図を参考にさせていただくのが最良であろう。

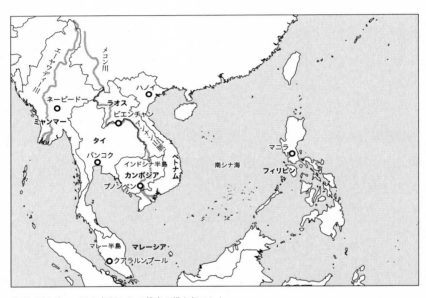

北岡、同上書、p.39を参照にして筆者が描き起こした。

　さて、「東アジアの共同体」を作る動きは 2000 年代になると急に表面化してきたことであることは、すでに何回も述べてきた。そのようなタイトルの書籍やレポートも増加したようだ。しかし、その後 10 年〜15 年の間に大きな変化が起こった。無理をして

まで、EUのような共同体を作る必要はないのではないかと考えられ、やがて世論が変わったのである。すでに考察したことであるが、これは一体どうしてだろうかもう一度考えたい。ASEAN諸国の地道な努力とその成果を思い出すと、一挙にこれを捨ててはいけないだろうと考えるからでもある。

　政党名はあまり出したくはないが、2009年、鳩山内閣が、この「共同体構想」をアジアの代表者、中国に提案したが、相手にもされなかった。石平著『なぜ中国から離れると日本はうまくいくのか』（2013年刊、p.142–145）にははっきりとその理由と批判が書いてある。

「アジア共通通貨」の実現を含めた、安全保障や経済連携の多方面にわたる包括的な「共同体構想」であるが、鳩山氏自身の言葉からすれば要するに「アジア太平洋版のEUの構想」を目指す、というものだ。」石平氏によれば、この目標は「中国抜き」では、その考えが進まないのである！と明言している。

　一方で「日本・東南アジア安全保障体制」を主導せよ、と石平氏は提言もするが、これは、実現不可能な机上の空論であろう」とも書いてあり、やはり現状では実現性がないことを説明している。

　さらに、EUの根底まで探り両者の「違いを」、高校生に対するように易しく解いていき、この道はどうかについても批判が続く。

「欧州諸国がEUの構築の成功したのは、関係諸国の間に「キリスト教文明」という共通した文明基盤が存在し、加えて同じ民主主義国家としての関係諸国が、自由・人権、そして民主主義などの普遍的な価値を共有しているからだ。」

　こうして、経済的成功を目の当たりにして出てきた、何か、より大きな発展を成し遂げたいという政策が、夢のごとく出てきたが、この『東アジア共同体』はほぼ消え去ることになった。

　グローバル化の世界になって、この世界は自由に貿易のできるところになったのであるが、逆に難しい面が出てきた。東アジアの貿易面での比重は軽くはないのに、アメリカ、や西欧のような経済連携の枠組みさえできない。「脱亜入欧」も今日では、いつまでも言ってはおられない現実もあろう。

　日本、韓国、中国の技術、経済力は、相当のものになってきた！しかし、EUは、1日ではならないものであったし、現実的にもそうである。
　今や、EU（欧州連合）は25カ国になった。NAFTA（北米自由貿易協定）参加国は34カ国になった。そこで第3極目をつくろうとするのは自然ではあろう！　しかし、その構成の理念面を

探し強化することが、次の問題となってくる。EUの生い立ちを知り、今までの経緯を少し辿れば、その苦労はすぐにわかる。トルコは、再三の願いにかかわらず、23年間待っても今でも入れない。イギリスの場合は、逆に脱退を決意した。オランダは、EUのメンバーだが、NATOには入っていない。このことがウクライナ支援の際、微妙な問題になって浮かび上っている。しかし、ヨーロッパの価値観を守る点で共通するのかもしれない！

　ではアジアの国々を結ぶものは一体何なのか、貿易には、そのようなことは無関係という国々や、人々もいよう。儲ければいい、得をすればそれでいい、となりそうな風土もアジアにはある。日本は、戦前の大東亜共栄圏の悪夢があって、戦前の悪い思い出が今も残りイニシアティブを取りにくいのかもしれない。特に隣国では今もこの心情が強いことは第1章ですでに詳しく述べた。[注2]

　次に日本からの10カ国あまりのODA対象国のうち、今、特に問題にすべきなのは、独断的ではあるが「中国とミヤンマー」の2カ国であることを述べたい。中国は、言うまでもなく今世界中で強権的態度や人権問題を中心に一番問題にされている国（例えば内モンゴルで何が起こっているのか、報道さえされない！）である。この国が最近まで日本のODAの対象国であったこと自

体（2020年で全て終わった）が、今知ると不思議である。

　一方、ミャンマーは、2021年2月にクーデタで軍人政権が成立して、民衆の静かなデモへ実弾を打ち込む暴力政治をしている国である。今後も、多くの民族を国内にかかえ込む故もあって内乱の絶えない可能性のある国である。

　次にまとめて見たいのは、「東アジア共同体構想」の件についてである。これは、EUのようには、「ある理念で団結」することができていないからであると常識的には考えられる。これはすでに確認したばかりである。では、仏教などの宗教を前面に出すと、ことは滑らかに進むことになるのか？これは、おそらく心情的な面に止まるのに違いないと筆者は考える。

　経済産業省のまとめた『東アジア経済統合に向けて』（パンフレット状）を引用しつつ、初歩段階から再度出直して考察していきたい。

　まず、「日中韓三ヶ国が世界経済に与える影響は大きく、三ヶ国でGDPは世界の21.1％，貿易額では世界の19.2%を占めています。」（2012年）この点から入っていこう。またこの現実の認識から出発するしかない。

［ODAの役目］

　外務省のODA（政府開発援助）の援助に関する説明（インターネット版）は最低限知っておくべき知識と言える。（原文は、「です、ます調」で書かれているが、以下では我々の文体に変える。）

　曰く、「グローバル化の進む世界、世界の国々の相互影響と依存の度合いは急速に増している。貧困や紛争、人権の抑圧、感染症や環境問題など、一国のみでは扱えない、世界が協力して取り組むべき問題が多い。日本も、自由で豊かで安定した国際世界に向けて取り組みたい。」これは実に立派な考え方であると言える。
　さらに、「ODAは、開発途上国の安定と発展に貢献する。これらの国々の安定と発展をとうして国際社会の安定に貢献する、さらに、資源・食料を海外に依存する日本にとっても国民の利益の増進にも貢献することになる」。これには反対する人は少ないにちがいない。援助できる国になった日本の立場に、むしろ誇りがもてるぐらいである。

「対中国援助について。」

「1979年以降、中国の改革・開放政策の維持・促進に貢献する

と同時に日中関係の主要な柱の一つとしてこれを下支えする強固な基盤を形成してきた。経済インフラ整備支援等を通じて中国経済が安定的に発展してきたことは、アジア太平洋地域の安定にも貢献し、ひいては日本企業の中国における投資環境の改善や日中の民間経済関係の進展にも大きく寄与した。中国側も様々な機会に日本の対中国ODAに対して評価と感謝の意を表明してきた。」

「2018年10月25日から27日、安倍総理による中国訪問の際、二中両国が世界第2・3位の経済大国となったいま我が国が中国を一方的に支援するのではなく、ともに肩を並べて地域や国際社会に貢献する時代になったとの認識の下、対中のODAを終了させるとともに、開発分野における対話や人材交流交流等の新たな次元の日中協力の推進をすると発表した。」（40年間で3兆円を供与して、中国の近代化を支えた。）（2018年10月23日、朝日新聞デジタル参照）

「この発表を受けて、対中ODAは2018年をもって新規採択を終了し、すでに採択隅の複数年度の継続案件については、2021年度末をもって全て終了することにした。」と報道されている。

「過去のODA事業では、中国の道路や空港、発電所といった大型インフラや医療・環境分野のインフラ整備のための大きなプロジェクトを実施し、現在の中国の経済成長が実現する上で大きな

役割を果たしている。」（最後のこの文章はゴチック体である）

　中国の今日の行動を見ると、この中止の決定は遅すぎた嫌いがあるとさえ筆者は思う。

　現在の 2021 年の世界の中の中国を見ると、時代は 180 度以上変化したと言わねばならない。中国の普通の国民は果して幸福になったのであろうか。しかも、日本の進出企業の動きや、親中派の政治家の行動を見ると、それでいいのかとも思えてくる。チベット人やウイグル人を犠牲にして、儲けている企業も未だにあるというのは気がかりなことである。

「軍事面から見る日中―仮装敵国」

　まず、上記し、引用もした杉山徹宗氏の本（2000 年、平成 13 年版）の冒頭を再度見ることにしたい。『中国の最終目的』という同氏の本は、まず現実をしっかりと見ようと、我々にも呼びかける本であると言える！
　これは、1999 年 8 月に、上海の国際戦略に関する某シンクタンクが中国政府関係者に渡した論文の要旨である。序章と 5 つのテーマからなる。まずは序章を見てみよう。

「近未来の中国の最大の敵は「日本」であり、二番目はロシア、三番目はインド、四番目に米国としている。」(p.12–13)

　さらに、5つのテーマが載っているが、長くなりすぎるので、要点のみの引用としたい。ただし、ほとんどが重要なことであり、大切でもあり、今日の中国共産党（1921年7月設立で100周年を迎え、かつ今は年月は超えている。）の方針を読み解くのにも役立つ。

1. 中国は国防近代化のために、ロシアから最新兵器と先進兵器と先進技術を引き続き買う必要がある。このため、ロシアとは少なくとも15年間ほどは、友好関係が必要であるが、その後は友好関係を切ってもよい。

2. 中央アジアには、資源・エネルギーが豊富にあるので、中国としては同地域への影響力を今まで以上に拡大する必要がある。

3. 今後、中国の石油は減少するが、東シナ海および南シナ海での油田開発には種々の問題があって、すぐに入手することは困難である。このため、中東からの輸入が重要となるが最も懸念されるのは、インド洋におけるシーレインの確保である。シーレイン確保のために、核弾道ミサイル搭載の原子力潜水艦を多数配備して、インド、およびロシアに

備える必要がある。

4. インドに対しては、引き続きパキスタンに高度の軍事援助
（核、通常兵器）を与えることで、中国の安全を図る必要
がある。

5. インド洋と東南アジア海域を抑えるために、東南アジア諸
国とは引き続き友好関係を維持する。

　これを見てもわかるが、中国は全てが露骨な「計算」と「計画」
で行動していると思う。今はやりの言葉で言えば、すべてが「そ
ろばん」である。日本に対しても、「戦略的友好関係」の相手と
して、褒められて、歓迎していたが、うまく踊らされていたので
はないかと、思える人達も沢山いたようである。しかし普通の日
本国民は、何知らず懸命に働き、相手のすることにそれほど気を
使わずにきた、と筆者は思う。

　最近になってオーストラリアが急に、「対中好戦論」に傾いて
いるのが、気になるし驚くばかりの変容ぶりである。一体この国
に何が起こったのだろうか。

　簡単にその歴史を書き、次に恐ろしい発言のことを一つだけ書
いてこの項目を終えよう。

2018 年、自国の 5G 通信網から中国のハアーウェイ・テクノ
ロジーの製品を締め出し、2020 年には、新型コロナウィルスの
起源について中国での独立調査の実施を要求した。報復として、
中国は、直ちにオーストラリア製品の反ダンピング関税を発動し
た。さらに、5 月 6 日、貿易交渉のための外交メカニズムの枠組
みを壊した。

　オーストラリアは、そこで中国に香港や新疆ウイグル自治区で
の人権侵害の責任を取らせる。中国は、直ちに「内政干渉」とし
て拒絶した。

　当然ながら、オーストラリアは（QUAD）の先頭を切る勢いで、
日本にも働きかけてきた。この変化には、本当に驚く。外交の恐
ろしさ！でもある。今特に述べて置きたいのは、次の情報である。

　30 年前の故、李鵬首相の発言である。「オーストラリアは日本
を大変頼りにしているようだけれども、まああと 30 年もしたら
だいたいあの国は潰れるだろう」。中国人の、この大国意識は、
年季の入ったものであり簡単には消えることはない！

　また 25 代ジョン・ハワード豪首相に対してもこう発言してい
る。「今の日本の繁栄は一時的で日本人はもうこの世からいなく
なる。20 年もしたら国として存在していないのではないか、中
國か韓国、あるいは朝鮮の属国にもなっているかもしれない」と
言っているのである。（JB press,6 月 24 日）

しかし、「中国の現代化を担った日本」の多くの企業の貢献もあったはずである。さらに自由が無くしては、企業活動は止まり、「中所得諸国の罠」に中国が近く囚われることも忘れてはいけない。^(注3)

　このような国に、後進国、低開発国、また戦争被害への償い、のためにも支援を惜しまず与え続けてきた、日本に我々は住んでいるのである。しかもその間、「日中友好」という言葉が繰り返されて語られ、まさに「烏合の衆の危険性」がここにも出ていた。「本当の現実」に目覚めるのが日本人は本当に遅いと言わねばならない。

　尖閣諸島に中国が上陸し局地的な紛争が生じた場合、日本は現実問題としてどう対応するのか。台湾問題とも関連が深い。この問いは、確かに重いし、考えていくと重苦しいぐらいである！しかし、防衛は憲法の問題、ましてその改正の問題だけではない。自己の「正当な防衛は国際法でも当然」なこととしており、我々の国と国民は自ら守らなければならない。と同時に、国際的連携も非常に大切である。先の戦争（1941年–1945年）の一大教訓を思い出そう。「光栄ある孤立」は、「栄光の孤立」ではなかった、「貧乏と敗北の孤立」であった！と筆者は思う。
　今日は、集団的自衛権も国際法で認められていることも念頭に

おき、真剣に考えるべきだろう。

「21世紀になっての日中関係」

　1978 年から始まった中国の改革開放政策は、2020 年には、明確に曲がり門に立つことになった。すでにこの開放政策が始まってからでも 42 年が経った。天安門事件や孤立した祖国を救うためにこの政策を指導した鄧小平は死去し、江沢民も権力から去り、やがて故人になった。胡錦濤も権力から排斥されたし、李克強も去っていった。

　GDP が世界第 2 位になったことで世界はより中国に注目しだした。中国も妙に、自信を持ち、その主張する事は急に強引になってきた。同時に、中国経済はすでに限界点に達して、バブル崩壊ではないかとよく観察している人々が言い出した。「中所得国の罠」にかかったともよく話題にのぼる。アリババで成功を修めた、ジャック・マーも国を離れたらしい。

　宮崎正弘氏は、2015 年、「香港」の取り込み─中国化─をなぜこういう時に急いでするのか、不思議であると伝えていた！すべては、外交の責任者の「ヤンジェチ」（楊潔篪）　の外交方針で

はない、『偉大な習近平の命令』らしい！と言われてもいる。
(Yube, 石平)

　2022 年 10 月、異例の 3 期目に習近平主席の政権は入った。7
人のトップ（チャイナセブン）も身内で固めた。すでに、歴史は、
回転したと言わねばならない！

　また世界銀行からは、「中所得国の罠」（1 万ドル／個人、を超
えるのは難しいという一種の経済法則。）にかかっていると言わ
れている。(2007 年）不動産の過剰生産など、色々と経済の行き
づまりが中国からは聞こえてくる！

　そこに、コロナ禍が広がった。WHO が中国に忖度したのか、
正確な情報を調べて出すのが遅れ、世界中の人々が、心身ともに
苦しんでいくこととなった。

　2020 年 1 月頃にはすでに感染は世界中に広がった。米中の貿
易の対立が劇化、コロナの拡散と合わさって、トランプ大統領が
中国産品に高い関税をかけ、低価格の輸出が今まで通りにはいか
なくなった。中国指導部は、潜水艦のように、静かに潜行してい
るつもりであったようだが、すでにその手口は見破られてしまった。
あとは、コロナの起源をめぐる科学的調査が待たれる。ロシアの
ウクライナ侵攻で、さらに、第 3 次世界大戦の心配も出てきている。

「経済の内向化傾向」

　2020年10月25日、朝日新聞に、中国広東省東莞市のカバン工場の記事が出ていた。その内容は全体で14万もの工場があるこの町の製品が、輸出でなく、国内向けになっている現場を知らせてくれた。

　新政策「双循環」と言われる政策転向によるもので、輸出から内需向けの商品が工場で生産され、その製品は工場に並んでいるという。素人である筆者から見て考えると、国内循環や、農民戸籍の人々の労働工が賃金を含めて評価されるとともに中国の国内の生活改善に資することになれば、良いことであろう。

　報道によると最近、はっきり政府批判をしたことを認めた、マー氏は、突然行方不明になったらしい。（2020年末）。旧勢力（江沢民派）には支持者もいるが、この様な拘束や行方不明は、現共産党政権の政策に異議を唱えたからであろう。「マーさんの神隠し、IT企業が犯した中国の聖域」と吉岡桂子氏、（朝日新聞の編集委員）は、語る。

　毛沢東の時代には、多くの反対派が粛清された。ソ連のスターリンはさらに惨たらしいことをしていたと伝わっている。共産主

義は、歴史的に、また経験則から言っても、必然的に、理想的には機能しなくていつもこのようになる。即ち一部の幹部が公共の財を占有して、国民みんなには恩恵は回らない、と言わねばならない。もとより統治とは、難しいものであるが。

　西欧も長い歴史を経て、統治のための知恵を獲得してきたし、やっと民主政治というものに到達してきている。

　温家宝元首相が、母の思い出を書いている。その記事によれば、「いい政治をすることを願っていた」ようだが、十分には活動できなかったのであろう。彼を継いだ、李克強首相もしきりに、トップから、嫌がらせを受けていた様子がうかがえる。(JB press, 2021 年 4 月 30 日)

　以下で、我々は日本と関係の深いアジアの国々をいくつか代表させて、簡単なコメントを記しておきたい。すべて最近問題が表面化した国ばかりである。これによって次の世代を代表する日本の若者が、そこから何か有益な知識と知恵を獲得するきっかけになれば幸いである。

「スリランカやパキスタンの現状」

　スリランカは、インド洋の真珠とも言われてきた。元のセイロンでイギリスの植民地であった。なお正確には「南アジア」の国と言うべきかも知れない。紅茶が有名で、人々は穏やかな国に住んでいるが思われるが、部族対立が実際にはあって統治は大変であったらしい。

　この国で卒然、大統領等が、国外脱出（シンガポールへ）し辞任したというニュースが出てきた。対外債務が払えず、物価高（ウクライナ侵攻のため石油などの物価高）で庶民が苦しみそれがデモに発展した。「農業政策」の失敗がまずは原因らしい。有機農業の強行が、よくない結果をもたらしたらしい。いい政策の狙いでも、国民の理解がなく、無理に強行するとこうなる実例である。そこに国際情勢の悪化や中国からの債務負担が重なったようだ。

　石油不足や物価高！それはラジャパクサ一家の政治が悪いためで、国民はついに怒ったらしく、時事問題となって世界が知ることになった。

　元セイロンと言われた穏やかなこの国が、政治の腐敗で今まさに（2022年7月）「債務不履行」で国家として危機を迎えている。（2022年7月）インド洋にあって、インド近くの観光立国のはずが、コロナ感染で打撃を受けて観光客が来ないのも打撃になっ

たらしい。

　アジア研究所、南アジア研究グループ長の次の説明が経済危機の本質を捉えているように思える。

「政権が 2005 年から 10 年間、インフラ整備のため中国などから巨額の対外債務」をしながら、無計画で産業構造を変え、輸出を増やす努力をしてこなかった。」「外貨は、観光業や海外の出稼ぎ労働者からの送金」に頼っていた。つまり、政権の中枢の無能さが原因だというのである。

　これは多くの東・南アジアの国の問題の代表例であろう。新井氏は、このレポートには書いていないが、中国は、島の普通の港を軍港（ハンバントッタ港）にすることを目的としており、この国の発展など考えていないことは透けて見える。インドに近いところでもあり、一帯一路構想上にあって大切な国であるので援助をしに来たのであるまいか。

　QUAD に対抗していくため、中国はまたその上に金を貸すことになろう！そして、相手国は債務の罠にさらにはまっていくことになる。しかし、スリランカの経済危機の背景に、「中国の債務の罠」だとは断定はしたくない。同国の「過去の経済運営にあり」とする報告もある。(注4)

　白川司氏は、後述するパキスタン（この国も南アジアか？）援

助に関してもこう説明している。「一帯一路離れを招いた中国の「自国第一主義」が招いたものである。(2022年6月6日、Dol特別レポート)。これらは、アジアの国々が、中国の本音に（自国の利益と覇権を握る）目覚めてきていることであるとは言えよう。

「タイ、カンボジア、ラオス」

　次の地図は、井田仁康氏らの最近の本、『読むだけで世界地図が頭に入る本』（同書のp.39の地図）を参照にして筆者が描き起こしたものである。

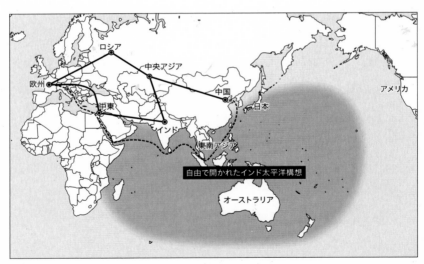

井田仁康氏『読むだけで世界地図が頭に入る本』、p.39を参照に筆者が描き起こした。

これらの国々は、インドシナ半島の中心部にあり、メコン川を
いわば命の源として生きている、と言えよう。この点では、中国
ともに運命共同体としてつながっている。しかし、経済的にはタ
イが一番発展している。すでに「中開発国」、また「中所得国」
に達している。他の国は、低開発国である。カンボジアは政治的
に、大変な不幸（ポルポト政権による大虐殺など）な時期を経て
いるなど、民生の安定しない年月を生きている。人材も不足して
いることだろう。ラオスも、社会主義国家として、ゆっくりと静
かな歩みをしていると言えよう。

　なおカンボジアは、中国系資本のアパレル縫製業企業の拠点と
なって歩んでいる。

　タイは、これら三国のうちで対日関係が一番良好な国である。
2013年と2019年で、ともに日本に対して国民が一番のいい印
象を持っているのである。しかも、中国に対しても、第3位の
好感度を持っている。この点を、園田茂人氏は特筆している。（『ア
ジアの国民感情』p.78、（中公新書、2020年）

　ヴェトナム、フィリッピンとはこの点（対中関係）が決定的に
違う点だとも、氏は指摘している。

　その理由は、研究に値するが、国民性によるのではないかでは、

少し説明としては簡単すぎる。おそらく、太平洋戦争中での、これらの国の立場が関係しているのではないかと筆者は想像している。

　タイは、日タイ同盟条約を結ぶとともに、ラーマ8世王の補佐役をつとめたプリディが、「自由タイ」組織を組織して抗日運動も終戦までしていた。その結果、タイは敗戦国扱いにならなかった、ということも関連しているらしい！

「1985年の「プラザ合意」以降、日本企業は相次いでタイに、製造工場を設置し、2007年現在では、進出した日本企業は約3500社に上りました。日本企業の進出によって雇用を始め、不動産の有効利用、輸出増大などがもたらされ、経済も成長しました。また、年間約120万人の観光客が日本からタイを訪れ、タイの基幹産業のひとつである観光産業にも大きく貢献しています。」（『国際人権広場』No.72。2007年3月発行号より引用）

　東南アジアの国々のうち、タイが一番経済的には発展していると言えよう。しかし、国際的なハゲタカ、ジョージ・ソロスのような投資家がアジア経済の弱点をいつも見張っていることを忘れてはいけない！韓国も、かって自国通貨の弱点を見抜かれて、金大中大統領が、自らこの投資家に、より穏和な態度を懇願すると

いうこともあったことを筆者は鮮明に記憶している。

　タイが一番経済的には発展している、中国ともいい関係である！これは日本には現在のところできていないことであり、見習うべき点でもあろう。

「ミャンマーと日本」

　遠藤誉氏の本からはいつもたくさんのヒントが得られる。特に次の本から引用させてもらい、この欄を記録しておきたい。(『中国外交戦略の狙い』(WAC,2013 年))

　まずミャンマーは旧ビルマであり、イギリスの植民地であった。日本も第二世界大戦中には、この国に入り込み、アウンサン将軍らと共同してイギリス軍と戦った。必要があって、「泰緬鉄道」(タイとミャンマー間、415 キロ) をたった 1 年で作ったりして捕虜虐待と言われる。援蔣ルート (イギリスが蔣介石の中国国民党軍のいる重慶へ物資を供給) を妨害するために、捕虜たちを酷使して作らせたこの鉄道は今も使われているという。評判の悪い、インパール作戦を作ったのもこの時である。

　現在は、またクーデタ (2021 年 2 月 1 日) で軍部が政権を取っ

ている。（アウンサン・スウチー女史のNLDが選挙で多数を獲得して力を持ったため、軍は身の危険を感じたのであろう）。1988年のクーデタの時には世界銀行、アジア開発銀行（ADB），欧米諸国は援助から撤退した。しかし日本は、JICA(国際協力機構)を通して一度も撤退してこなかった。我が国は進出では遅れ、撤退も遅れる国である。

　ミヤンマー事務局長の田中正彦さんの文章を以下で引用させてもらい、考察の原点としたい。

「2012年4月、テイン・セイン大統領が来日した際の日本政府は引き続き支援することを表明した。日本との関係で5,000億円の累積債務があったが、その解決のため、日本のメガバンクの協力を得ながら、2000億円をリファイナンスとして借り換えに応じ、3000億円は減免する措置を取った。（このニュースが実際に日本で広く報道されたのかどうかも、筆者は知らない）。

　次いで大きな転換点となったのが、2013年の安倍元総理のミヤンマー訪問である。この時、安倍総理は510億の円借款と400億の無償・技術協力の、計910億円の支援を表明した。そして、2013年の12月に開催された「アセアン40周年会議」では、日本は鉄道、上水道、灌漑の案件に当てる円借款として

630億円の拠出を表明した。」

　このような人道的な日本援助の流れの中、中国は、ちゃっかりと援助と引き換えに自国の利益を考えた行動をとってきた。今はデモ取り締まりのための軍隊の道具（催涙弾等）を昆明から空輸している。今回わかったのは、中国はこうした援助と引き換えに、昆明からインド洋へ出る（またその逆方向の）物資の流れ（パイプラインなど）の道をつけていたのである。軍港も確保していた。筆者にも、これが今回のクーデタの背後に中国の存在のあることがわかった！これでは民主化はできない訳である。そのようなことを中国が、第一に許さない！

　ミャンマーの軍部の幹部たちは日本と二股をかけていい思いをしていたのだろう。国民に何を還元していたのか（デモ隊に発砲する催涙弾に金に使っていたのであろうか？）を、今後調べる必要がある。若者の血が自軍の銃で撃たれ流れている！日本のジャーナリストも、逮捕されている！統治の仕方に頭を使っていない、無能な指導者がトップに立っているところが世界には多すぎる、ことを知るべきである！なお、ジーン・シャープ（1928–2018）は「独裁体制から民主主義へ、いかにして到達するか」、をこのミャンマーを見て考えぬいた人である。特にアジアを語るとき、注目すべき人物である。

さらに最近、日本人記者一人も逮捕された。政府は抗議しているが、良い答えはない！裁判にかけられるだろうとも言わない。しばらくして、この記者は解放されたが、何も語らない！釈放の条件に、「沈黙」せよの命令があったのであろう。

　素手のデモ参加者の死者は、100名から始まり、驚いたことに今日では800名を超える。今後も増えるだろう。4月26日からのアセアンの大会はクーデタの責任者ミンアンフライン国軍最高司令官を問責する。アジアの他の指導者はどう受け止めるか、軍の暴力をやめなさい！と言うのはわかっているが、、、、。負傷者を治す医者たちを軍が襲っている映像が今流れている。「統治すること」は難しいが、説明責任も果たないで軍の発砲で統治するのは最低であると言わねばならない。中国とロシアが国連での非難決議をさらに妨害している。

　流石の日本も、ついにODA援助を中止した。日系企業も多い国であり、今まで発展を支援してきたのに、本当に、非常に残念である。

　外務省国際協力局の伝える、1)、ヤンゴン・マンダレー鉄道整備計画、2)、テイラワ経済特別区（SEZ）開発は今後どうなるのか、国民に知らせてほしい！

ロヒンギャーの人々のその後はどうなったのか。彼らはバングラデッシュからも追われたイスラム教の民族であり、ミャンマーでは迫害を受けている。これ以上の悲劇があるだろうか。北岡伸一氏の本、『世界地図を読み直す』の第5章、『揺れる味あ—揺れる独裁と民主主義の狭間で』、特に「日本の国際援助はどうあるべきか—ミャンマー—」の項目は有益な情報に満ちている。

さらに、政治犯の死刑執行など民主派弾圧をエスカレートするミャンマー国軍にASEANが失望を表明している。中ロは国軍寄りの姿勢を示している。中西嘉宏氏ら専門家の報告を取り入れて、政府は適切な対応をしてもらいたいものである。（IDE-JETRO参照）

「マレーシアと政治家マハティール」

　マレーシアは永くイギリスの植民地であった。日本の軍隊が、初めは、歓迎された（？）珍しい国の一つである。今日注目すべきは、この上陸作戦の歴史である：「1941年12月8日午前2時15分（日本時間）日本陸軍のタクミ支隊は英領マレー半島、コタバルへの上陸を開始した。続いて、3時19分には空母から発進した日本海軍の攻撃隊に対する空爆を開始して、ここにアジア・太平洋戦争が始まった。」[注5]

この時事的な記述は単に興味本位の開戦の時刻の問題ではない。中国大陸からの撤退は世界的に求められていたのである。

　日本としては、マレー半島の占領を急ぎ、石油を求めていたので、早くシンガポールまで行軍できたので、当時は、拍手喝采されたものである。

　さてこのマレーシアに関して今日、知っておきたいことは、マハティールという政治家と、ブミプトラ政策であろう。これは一種のマレー人優遇策であるが、この国はイスラム系マレー人と中華系とインド系の人々が、暴動にならずに暮らしている点が注目される。

　第3章で紹介した故李登輝総統、このあとで紹介するシンガポールの建国の父、故リー・クアンユー首相と並んで、マレーシアの首相、マハティール（1925年生まれ）は老いて今なお現役であり、アジアを代表する著名な政治家であると言えよう。

　彼らのうちで、特に彼（マハティール）の考え方を知っておく事は、アジアのことを知り、日本の進路を定める際にも参考になると思う。

　彼は日本でも、Look East（アジアを見よう、日本のモデルを

見習おう）政策で有名である。彼の日本に対する期待感も大変大きい。しかも、その言動ははっきりしている。

最近の会見の一部を引用して見てみよう。（Hanada, 2021 年2月号、p.86-95 より）

「日本は米国と完全にコミット（深くかかわる）する必要はないと思います。常に米国に寄り添う必要はない。いうまでもなく日本は独立国です。米国も多くの間違いを起こします。戦争を起こすことだってあります。……今こそルック・イースト（東方を見る政策）で行くべきです。……日本は当然、中国を警戒しています。中国は大国で強力な軍事力を保有していますが、日本がそれを脅威に感じ、過度に反発すると、緊張はエスカレートします。」さらにこう続けて語っている。

「確かに、中国は台湾へ強硬な姿勢を示していますが、実際に台湾と戦争するとは思いません。同時に、日中関係で懸念もありますが、中国が日本に上陸して戦争を始めるとも思いません。戦争は、彼らにとって非生産的であって、高い代償を払わされます。一方、危険な衝突を回避するためのメカニズムは必要で、東アジア経済共同体こそが、その任務を果たせるのではないでしょうか。」ここで東アジア「経済」共同体と言っている点が特に重要で注目したい。さらに、彼は続けて言う。

「日本に欠けた自信と愛国心！という言葉で、この会見は終わっている。日本の若者にも直接接して感じとってきたらしい感想である。さすが、長く多くの人種（マレー人、華僑、インド人）らを含め、「ブミプトラ政策」（マレー人優遇策）を掲げて統治してきた人ならではの、慧眼である。ズバリ、的中していると言わねばならない。

「自信と愛国心」、これこそは、我々が今鍛えて獲得していくべきことである！と筆者も考えている。

　ここで、上からの愛国心の押し付けは、よくないということも筆者は付け加えたい。また、そのようにして、自信は簡単にはつくものではない。本書の「はじめに」で引用した、あの福澤の『学問のすすめ』がここでまた活きてくることになる。絶え間ない努力が自信と愛国心には求められると言わねばならない。「愛国心」については特に、推し付けでは失敗すると繰り返し述べておきたい。

　彼は、中国の押し付け（約束？）であるとして、前政権の「マレーシア南北新幹線」の構想を無駄だとして、はっきりと断った。これがおそらくマレーシアの為の最後の政治的判断となるかもしれない。調査は他国に頼み、中国に注文だけして失敗した国も東アジアにはあるから彼の発言は見識と決断力があると言える！

中国への対応についても、彼はこう語っている。是非参考にしたいものである。

「中国は東南アジアに対して南沙諸島問題で交渉によって解決できることを保証してくれました。東南アジアはこの言葉を受け入れ、中国と他国の要求に対し、真剣な対話を始めなければなりません。残念ながら米国がアジアのいくつかの国への敵意を隠さないため、これらの国は米国のみならず日本をも敵とみなしています。このようなことは域内の緊張をまねくため、好ましくありません。」

（『マハティール・モハマド著：立ち上がれ日本人』（新潮新書、2018）p.84 より引用）

　この点で日本とは、「立ち位置が微妙にちがう」と筆者は感じる。しかし、国際政治学者、進藤榮一氏の最近の著作「日本の戦略力」はこの偉大な政治家の発言と偶然にも近い内容になっている。[注6]

「シンガポール」

　リー・クアンユー（李光耀）はシンガポールの建国の父だと言える。客家系の華人４世に当たる。広東省から、当時まだイギリスの植民地であったシンガポールに移民した。幼くして、英語

教育を受けて育つ。1942年、日本軍のシンガポール占領時代には生死をさまよう経験をしている。（シンガポール華僑粛清事件を参考）

　しかし、1943年から1944年には連合軍の通信を盗聴し、翻訳して生き延びた。戦後、イギリスへの留学、弁護士の資格を取る。マレーシア時代を経て、独立を勝ち取る。マハティールとも仲が良く、ともに西洋的価値観と対決するアジア的価値観のことでも、一致共同していた。

　しかし、日本の占領時代に、苦しみを身にしみて体験していて、彼はインドネシアの故スカルノ大統領などとは違い、日本の行動を「植民地解放のための戦争」とは評価しない。従って、同国の教科書も、「日本軍の戦いについて否定的」である。しかし、「開発独裁」の政治で持って、経済的繁栄を達成して今を謳歌していたとは言える。

　天安門事件に参加してのち米国に亡命した人、陳破空は『日米中開戦』（文芸春秋新書、第2章、中国の隣国いじめ、p.40）には彼（リー元首相）の言葉を下記のように書きとめてくれているので引用する。

「強国となった中国は今、隣国いじめをしている。中国はかって

我々にこういった。大きいか小さいかに関わらず全ての国が平等だと。だが、我々が何か中国の気に入らないことをすると、彼らは（十三億の人民を怒らせるな）という」と。

　筆者はかってセントーサ島の山頂に上り詰めた途端、目にした停泊中の船舶の多さに、驚いた経験がある。今は、この国は繁栄している！そのことは一目瞭然だったし、現実にそうである。しかし、人々が日本人には、どこか優しくはないように感じたものであった。街路樹の向こう側に戦時中に犠牲になった、華僑たちの「慰霊の塔」があることは忘れてはならないだろう。

「インドネシア」

　先にも書いたように、スカルノ大統領は、日本軍のおかげで、オランダ軍に勝ち、独立もできたと語っていた。インドネシアは300年間、オランダに支配されたままで何も抵抗さえできなかった。「軍隊がなかった！」のが搾取され続けたわけである。日本が解放軍の役割を果たした、と誇張し自慢しすぎてもまたいけないとも思う。日本は、石油欲しさのためにこの国の南の島々へ押しかけていったのである！からである。

　日本軍がやってきたのち、スカルノは独立する力を得たとも言

う。日本式の訓練で国軍に力がついたのであろう。これは日本人を褒めているのか、口先だけのサーヴィスか、敗戦になった日本を慰めているのかもしれず、用心する必要はあろう。

「300年間もの間、オランダに植民地支配を受けていたが、インドネシア人はその間、何も得ていなかった人々だ」と簡潔に述べるひともいる。日本軍は、石油の輸入を止められて（ハルノート）、ただ石油が欲しさで、一路、まっしぐらにアジアの国々を南下していったものである。オランダの統治下にあるパレンバン油田を目指したのである。これを、忘れて手柄顔で植民地の解放のことを語ってはいけない、と筆者は思う。

1942年2月14日、大日本空挺部隊がこの国の空港に奇襲落下傘降下をして、ほとんど無償で占領したと記録されている。(Wikipedia、Kota Palembang参照)

筆者は、「太平洋戦争は、アジア解放のための戦いだった」説には、賛成しない。こういう言い方は、今はやりの「ファクトの捻じ曲げ解釈」と言えばいい。どうして、こんなことになったのか、石油が欲しくて、南下していき途中邪魔するものを虐殺していったのが事実に近い姿である。アジアの解放という人もいるし、……。筆者は、しかし決して「自虐史観」にとらわれてはいないつもりである。

どうしてそのように突然襲う（真珠湾攻撃も）ことになったのか、どうして米国と戦争することになったか。今こそ冷静に考えるべきだろう。ここでは、日露戦争の前後（福澤は1901年に死んでいる）を詳しく見ることで、ヒントになることがあると書いておく。1907年ごろ、伊藤博文と後藤新平とが、中国東北地帯、即ち満州の中に深く入っていくことの是非について、広島の「厳島」で熱く語った頃のことである。

　インドネシアは、最近ではジョコ大統領が政権について（2014年10月に就任）、貧民層の声を聴く政治スタイルが定着してきたと聞く。彼は9つの優先課題（ナワチタ）を発表している。しかし依然として、スハルト以来のエリート層の権限は強く残っている。道路、港湾、鉄道などのインフラ整備はこれからである。中国向けの資源輸出が大切なため、日本との高速鉄道契約を覆したりして失敗しているので、まだまだ信頼の置ける相手ではないのが残念である。

　しかし、軍や警察とのコネのない中、庶民にはこの種の政治家の頑張りが頼りであり、この統治のスタイルはどの国にとっても必要であろう。この10年間で、アジア第4位の民主主義国家として、位置付けされるまでになった国である。日本からは、1800社が進出しているらしい。

イスラムの国、多くの島々で構成されている国家である点、などをプラスとするかマイナスとするかは、国民の意識にかかっていると思う。（立命館大、本名純教授、談話等参照）

　と同時に、「スマラン事件」（1945年10月15日から10月19日間の、日本軍とインドネシア独立派の間の武力衝突事件。インドネシア独立派民兵、1000-2000人戦死、もちろん日本側も、約200名））のことなども、真の友好のためには教科書で学んでおきたいものである。

　なお、2022年11月14日、G20の主催国として活躍をした。バイデン・習近平両氏もこの国で（対面の）会談を持った。いい結果をもたらすことを願うのみである。

「フィリピン」

　ドゥテルテ大統領になってから、日本では、彼の少し奇妙な行動ばかりが伝わってくる。彼は麻薬対策に熱心なあまり、中毒者を逮捕して、刑務所が不足して、ひどい状態の収容施設ばかりの写真が、日本の週刊誌には載せられている。こうした「大胆な」対策型政治スタイルを見ていると、この国はどこか「病いを抱えている」という印象がどうしてもする。

　戦後史から言えば、日本も、太平洋戦争でひどい災難をこの国

の人々に与えたので、何も悪口などは言えない。立派な、道徳的にも見上げるべき大統領も存在したこともある。（マグサイサイ大統領等）。井上和彦著『日本が戦ってくれて感謝しています』を読んでバランスを保つことも必要であろう。[注5]

　反米意識から、スービック米軍基地を廃止して以来、東西対立をどう生きてきたのかも知られていない点も多い。「新たな、冷戦」を迎え、意外にも、この国には日本が頼りにされているようである。たくさんの、出稼ぎ労働者もいる。最近では、中国の南シナ海制覇の野望の波を受けて、悩んでいる。島を取られて、南シナ海における法の支配、「自由で開かれたインド太平洋」の構想の実現では、米国と新たな、「米比軍事協定」の締結のことも、噂になっている。米中対立の中をいかに生き抜くか、日本と同じ悩みをかかえているのであろう。

　故安倍首相を、ダバオ（ミンダナオが、ドゥテルテ大統領の出身地、この地方の、イスラム過激派を抑えたのは、功績である）の私邸に迎え歓待したのも、日本への期待の現れであろう。（2020年9月7日。この事実は安倍氏からのお別れの電話の話題で明らかになった）日本も、沿岸警備のために船舶を提供したり、5年間で、1兆円の官民投資をして、役立っているようである。

中国は、沿岸警備のおいて海保に武器使用を認めた！これは、尖閣諸島に対して同じことをしており、日本・フィリピン両国にとって新たな、脅しになっている。先に記したマハティールの提言は、実際には実行するのが難しいものである。

　以下でジャーナリスト・宮崎氏の報告を引用する。「フィリピンはスカボロー岩礁を中国に奪われた上、南方のセコンド・トーマス環礁に駐屯するフィリピン海兵隊への輸送船を中国海軍に妨害され、中国への怒りは日増しに高まっている。」（2014年のことである。やはり「米比安保条約」の改定が考えられている。当然、中国の、侵略的行為に対応するためであるが、オバマ政権は、対中国政策を重んじて、この問題に対して大した支援、さらに関心も払っていないようである。（宮崎、第6章、「米国の衰退が一番の問題なのだ」特に、p.145-146参照。）宮崎氏は良質のセンサーを張り巡らせているジャーナリストであることが、これでもわかる。多くのジャーナリストの中でも情報収拾が5年は早いといえる人である。

　2020-2021年にかけて、南シナ海を利用する日本にとっても、その存亡にも関わる国がここにもあることがわかる。しかし、その国の「立場をそれほどはっきりしない点」では、日本と同じで

もある。経済と政治のバランスの関連を上手にとるのと、次に価値観が問題なのだろう！人権問題でも迷っていて、カトリック教徒が多い国ではあるが、国のレヴェルでは頼るものがない状態なのかもしれない。

　2023年2月に来日したマルコス新大統領は率直に述べてくれた。「台湾海峡での有事の際に、フィリピンが巻き込まれないシナリオは考えにくい。」（日経、2月14日、の単独インタビューより）

　宗教に全てをかけるのも（その否定を含め）、対立点はすぐ行き詰まりに到達して解決はなかなか得られない問題が我々を取り囲む。まさに、統治することは難しい課題である。これは、西洋の哲学者も必死で取り組み、かってフランスを実際に統治していたドゴール大統領がしみじみと語った感想は有名でもある！「フランス人ほど統治が難しい人種はいない！」とこの大統領は語っていたのを思い出す。ヴォルテールも統治に関して悩み続けたものである。^(注7)

「インドとアジアの他の国々」

　ほんの一部の国しか東アジアの国々の中からを取り上げられなかった。クワッド（Quad）構想ではインドなどは大国であり、

ますます重要になってきている国である。今はコロナで、40万人（1日）が感染している。変異種の発生に対してインド型とも言われもしている。武漢ウィルスでは、中国は反発していたときがあった！この点で余り気にしないのは、この国はおおらかで好感が持てる国である。

　インドは実に大昔から、日本人には親しみのある国である。釈迦の生まれ出た国、ガンジーやネールの国である。中国とは仲が悪いがロシアとも中国とも軍事演習に参加したりもする。人口は14億人で正確にはどちらが多いのか、わからない。

　ヒマラヤの水の取り合いも争いの元になっているのかもしれない。ロシアや、中国と対立してまで、何かをする国ではない。モディ大統領は、曖昧な態度をとっても憎まれない！しかも憎まれない人柄である。

　さらに関心の赴くままの引用であったが、アジアの他の国を含めて、日本が今後、主に安全保障、経済的交流をもって生きて行く道について最後に少し触れてこの章を終わりたい。

　問題は、アジアをさすところが一体どこなのかの難問である。英語圏ではインド、パキスタンを念頭に入れる（ウェブスター辞典）、米国ではどうか？ヨーロッパと対決しているところがアジアだとしているのかも知れない。あまり他国のことを考えていな

い、迷惑もかけない、このことを、安全保障問題では、特に心しておかねばならない。

　日本のこれからの対世界の立場はどうか。日本人の考えるアジアは一体どこからどこまでか？学者は別にして、おそらく人々の答えは多種多様であろう。社会主義の国、多民族国家、タイのように今少しで、中流規模の経済の達するところ、ミャンマー、ラオス、カンボジアのように中国に抑えられ、軍の勢力の強いところ、と簡単には要約できないのではないか。しかしある程度の定義を求められている、と言わねばならないも現実的である。

　さて、大泉啓一郎氏は、日本の進むべき道について、特に貿易面でのこととして次ぎのように書いている。参考にしたい。
「今後、日本の進むべき先が金融立国であるとしても、その移行をスムーズに進めるためには、製造業の競争力強化が不可避であると考えるべきであろう。」（参考書欄参照、p.17）技術力の平和裡での移行は、互いのためになる。中国とは違った貢献の仕方を日本が見せれる機会でもある、是非そうしてもらいたいし、そうしなければならない。貿易、大きくは外交上の問題は、ウィン―ウィンの関係で解決することが望ましいと思う。
　いまコロナ禍（インドでは毎日40万人の患者が発生している。

世界中で400万の人が死んでいる！）の只中である。感染病で、何も貢献していない日本が恥ずかしい。政府は、オリンピック開催にこだわっていた。ワクチン開発ぐらい、ISP細胞を創った国ならできたはずである。

　コロナ後を考えていくことも大切である。それを今日のアジアとの関わりの問題としても以下では考えておきたい。

　製造業の力の戦いは確かに続いている。　それはおそらく、半導体の性能やITの分野での技術であろう。一般的には科学的知識の活かし方、能力である。しかしそれだけで本当にいいのだろうか。

　先述の大泉氏ははっきりと書いている。「ASEANのすべての国が「中所得国の罠」に直面しているわけではない。そこで当然、我が国のASEAN諸国に対する支援のあり方は、国によって力点が異なる。カンボジアやラオス、ミャンマー向け援助・支援では、まだ貧困削減が中心となり、低位中所得国の水準にあるベトナムやフィリピン、インドネシアでは工業化の基盤を形成するための支援に力点が置かれる。そうして高所得国への移行を目指すタイやマレーシアでは産業構造の高度化を促すような支援が有効となる。」（大泉著書、P.180）

　はっきりとした発言であるし、正しいことだと言わねばならない。経済の素人である筆者の感じ方も同じで全く同感である！技

能労働者の育成にもプラスできれば、日本の存在意義があろう。そのため、アジアの若者たちの教育に、予算をつけることも大切である。今回の感染症の流行で露呈したが、日本のデジタル教育の普及は、フランスと比べても30年は遅れていたことがはっきりした。

　最後に貧困のテーマについても少し書いておきたい。アジアの貧困は、アフリカや中東の紛争国に次いで、いつも付きまとう問題である。ロヒンギャの人たちの問題が表面化したのを聞いてびっくりしたことは前述した。多くの人々が、その存在さえ知らされていなかったのではないか。
　答えは、アマルティア・セン教授の言う「人間的発展」の力はこれからも必要であるということであろう。（『貧困の克服』参照）セン氏の主張の要点は、「経済的発展と人間的発展との結びつきが大切だ」と言うことに尽きる。（同上書、p.29）

　最後の章（第5章）では、セン教授などの考えを参考にしてより全体的 —米国もヨーロッパも考察対象に入ってくるが— にこの問題に対して、いかに日本の立場をとるのが望ましいのか—に取り組む。
　それにしても中国と豪州の対立のように、大きな問題がここ1、

２年のうちに起こったそれらが表面化したのはショックであった。コロナウィルスの起源を明確にすべき、と当然なことを述べたに過ぎないが、これを発端にして両国は貿易の制裁合戦に入ったのである。

　この対立は、もう少し深い根を持っているように筆者には思える。この論文のテーマであるが、冒頭に書いた、「国民性」や「集団心性」に根ざした問題ではないだろうか。

　さて「日本と東アジア」について余りまとまらないままに、いよいよ終わりになってきた。そこで『ニューズウィーク』（2021年7月6日号）の記事を拝借して、この項目のまとめとしたい。「ASEANは中国と南シナ海の領有権問題などで対立しているが、その一方で中国にとっては最大の貿易パートナーだ。」「そもそも、ASEANは一枚岩ではない。最近では、反体制派への弾圧を行うカンボジアや、一党独裁の続くラオスやシンガポール、クーデタで生まれた政権がひきいるタイ、共産主義体制を今も維持するヴェトナム、超法規的な処刑などが横行するフィリピンといった国内に人権問題を抱える国々が、国際的な批判を受けてきた。」（ジャーナリスト、山田敏弘。）」もちろん、ミャンマーの政権も多くの問題の1つであり、東アジアの抱え込んでいる難題である。

「東アジア共同体」構想には、実現するにはなお難しい道が待っている。「朝日新聞」も「ASEANは、地盤沈下に歯止めをかける時だ。」と訴えている。

　しかし、ミヤンマー問題、一つとってもどう歯止めを掛けるといいのか、JICAからも答えがすぐには出ない。もちろん、まずはアセアンの良識派に期待しなければならない。日本の国会の外交部会での情報と、議論、知恵の終結とその報道も国民にもっと知られることを期待したい。

　さらに、日本自身の経済の足元をしっかり鍛えておくことが当然必要であろう。そのためには、遠まわりに見えるが、若者の高等教育が大切である。外交関係の訓練も、実際に照らして、もっと実用的に教えるべきである。軍事、安全保障に関連する「インド太平洋構想」に移るには、さらに困難が伴うことであろう。それにはまず、人材を育てることに、つまり教育に力を注ぐことである。NATOやEUの成立過程やその実体や、その共同宣言も教育の場で比較する教材として用いられる必要があろう。

「パキスタンの災害」

　「親中の国」、パキスタンとはそのような国だと多くの人が思っ

ていた。インドと対抗するにも、またインド洋に出るにも、ともに相手国（中国もパキスタンも）を必要としている、はずであった。しかし、同国を襲った 2022 年の洪水の被害が、あまりに大きかったのであろう。その上、中国の「一帯一路」に乗っての債務負担が耐えられなくなったのだろう！

　ブリンケン国務長官（米国）は早速、5600 万ドル（約 80 億円）の人道支援のほか、航空機 17 機分の物資などを含めて、支援を表明した。大の親中国の国にも、アメリカは急接近しているのである。（白川　司、DOL特別レポート参照、2022 年 10 月 6 日）「一帯一路」は、アジア、アフリカでは、債務への負担から、ほころびが出てきている。これは援助が地元の人々の幸福に貢献していないせいではなかろうか？米国も、その覇権の維持に不断の努力を怠っていないようだ。

（注1）　北岡伸一『世界地図をも読み直す』（新潮選書、2019）

（注2）　吉田裕『日本軍兵士―アジア・太平洋戦争の現実』（中公、2018）

（注3）　2007 年、初出の用語。（Wiki参照。）GDP 一人当たりが 10,000 ドルにさしかかりながら、なかなかその壁を超えられない例がたくさんある。中国経済も、不動産バブルから始まり、コロナ対策での不況が来た言われる。

（注4）　堀江正人『スリランカ経済危機の背景』（MUFGリサーチ、2022）

(注5)　井上和彦『日本が戦ってくれて感謝しています』（産経新聞社、2013）
　　　　第2章、「白人への最後の抵抗と勇気を敬っています」

(注6)　進藤榮一『日本の戦略力』（筑摩選書、2022）、特に「はじめに」参照。

(注7)　R.モリゾー著、熊澤一衛訳『ヴォルテールの現代性』の第IX章（三恵社、
　　　　2008）

[参考書]

井田仁康編著『読むだけで世界地図が頭に入る本』（ダイヤモンド社 2022）

陳 破空『日米中アジア開戦』（文藝春秋新書、2014）

井上泰夫編著『日本とアジアの経済成長』（晃洋書房、2015）

宮崎正弘『中国の時代は終わった』（海竜社、2014）

園田茂人『アジアの国民感情』（中公新社、2020）

大泉啓一郎『新貿易立国論』（文春社、2018）

アマルティア・セン・大石りら訳『貧困の克服』（集英社、2002）

『東アジア近現代史』、（岩波、2011）第5巻、6巻

東アジア地域研究会編『東アジア政治のダイナミズム』（青木書店、2022）

同上『変動の東アジア社会』（青木書店、2002）

マハティール・モハマド・加藤暁子訳 『たち上がれ日本人』（新潮社、2003）

5章

世界と日本
―正義と希望を探る―

　林芳正外相は、2022年8月4日、カンボジアでの「アセアンサミット会議」に出席して、わが国の立場を表明するため、政府専用機で旅立った。その際、次のような政府方針の説明をしているコメントが報道された。

「アセアンはわが国の長年にわたるパートナーであり、「自由で開かれたインド太平洋構想」実現に向けた要である。来年の日・アセアン友好協力の50周年に向けて堅実な協力を確認したい。」ここには無意識のうちにも、「東アジア共同体」から「インド太平洋構想」へと想念が、林外相の心のうちで、はっきりと移行していることがわかる。そればかりではない！この我々の本の「要」になるところであり、アジア太平洋構想への移行の際の問題に取り組む覚悟にもなっている発言でもある。
　前者は経済の発展、後者は、安全保障の問題で、中国包囲網を念頭にしており、当然ながら、中国は入れないようにしたいのであろう。

「一連の会議ではロシアのようなウクライナへの侵攻や、東シナ海や南シナ海、北朝鮮、ミヤンマーなどの地域情勢を巡って意見交換を交わすことで日本の方針や考え方をしっかり説明し、関係国との連携強化を確認したい。」これは明確な話し方であり、外相として良いスタートを切ったと言える。しかし次のようなことが、全く思わぬことが、現地での会食後には起こったのである！

　このプノンペンでの林外相が、日本の外交説明中に、王毅外相は席を立ったのである！ラブロフ外相もそれに従ったと伝わる。先のG7での日本の立場と、意見とが両者（中国とロシア）には気に入らなかった、とのことであろうか。日本の立場など聞かない！という、両大国の傲岸さだとも、我々には、映る出来事である。
　このような、中ロの態度は以前から相談していたのか、直近の申し合わせによることなのか、是非、筆者が報道の記者であるならば、質問してみたい気がする。
　中国の「一帯一路」もうまく、思うようにはいっていない。さらに、「ウクライナの戦争」も、思わぬ、沼地にはまってきている、（2022年末）。アジアでの両者の覇権にも影が指しだしている。一方、日本のイニシアティヴからできた、QUADは首脳会議を開けるところまで来た！こうした事情が背後にはあるのだろう。ソ連崩壊の時の、あの国民の惨めさ（1991年）や、1972年の

頃の日本の先端機械への中国人のあの憧れのまなざしは今日どこに行ったのか。松下幸之助氏に助力を頼み込んだ、鄧小平はすでにこの世にいない。みんなこれらの過去の出来事はどこへ消えたのか！これが世界の外交の実態なのだ、とその厳しさを感じさせる場面であった。これらの非情なシーンに耐えられてこそ外交官の仕事ができる。

　ここでは、冷静に杉山徹宗（かつみ）氏に、中国の軍事力の現状のことを語ってもらうのが再度大切になってくる。

「日本人は中国のことを、古来、文化大国で信義に篤い大人の国として、敬ってきた。それだけに一九七二年の国交の回復を国を挙げて喜び、政府開発援助金（ODA）の配分に当たっても、中国を最大の友好国と位置づけてリストのトップに置き毎年2000億円以上の巨額の援助を中国に支出してきた。中国はこの日本の経済的・技術的援助によって、改革・開放政策に弾みをつけ、順調な経済回復を遂げたと言っても過言ではない。」杉山氏の明確な記述はさらに続く。

「ところが一方で中国は、とりわけ九〇年以降、冷戦が終結して世界が軍縮に向かうなか、独り軍拡を推し進め、旧ソ連からの技術者の移入や日米のハイテク技術の窃取もあって、その力は飛躍

的に増大し、周辺諸国に重大な脅威を及ぼすにいたった。台湾問題についての軍事的威嚇はもとより、パラセル諸島・スプラトリー諸島への侵略行為など、圧倒的軍事力を背景として、力でゴリ押しする姿勢を鮮明に打ち出している。」

　同じ1999年の資料については氏はこう語っている。（同書p.13）：「中国は国防近代化のために、ロシアから最新兵器と先進技術を引き続き買う必要がある。このため、ロシアとは少なくとも15年間ほどは、友好関係が必要であるが、その後は友好関係を切ってもよい。」ソ連邦はもはやなくなり、中国はロシアよりもウクライナから安い、軍艦を買ったりして、今では、自前の空母も2隻持ち台湾を取り囲み、演習をしている！

　いずれにせよ、日本も「日中友好」とか言っていた頃、こういう文脈で物事を見る必要があったはずであった。なお、この文書の序章には、「近未来の中国にとっての最大の敵は「日本」であり、2番目はロシアであり、3番目はインド、4番目は米国だ」としていたことも再び記しておきたい。そして、2023年（令和5年）4月6日の「朝日新聞」朝刊にはトップにこういう大文字が踊るように出ていた。「同志国」の軍、援助制度、防衛装備・インフラ、途上国へ」これまでのODAでは対象外であった軍の支援に日本は踏み出すのである。OSA（政府安全保障強化支援）の導入をも政府決定したのである。

2022年2月24日に、ロシアがウクライナに侵攻し、世界中で批判されてきた。岸田首相もG7議長国の立場もあり、キーウを訪問したばかりである。

　中国は、目立たないように表面上は中立を保ちつつ、安い液化ガスをロシアから密かに入手している。単純な正義感ではあるが、このような国々が、世界の覇権を握らないで欲しいものである！そのためには何をすべきかの探求を素人である筆者も何かやる時であると思っている。

　全く無力ではあるが、さっそく中国の覇権を「妨げる国々」か、またそれを遠ざけようとする国々を中心に以下で見ていくことにする。言論の力に頼るのが知識人の道であり、より人道的であるからである。

「中国対オーストラリア」

　2022年10月23日、『読売新聞』朝刊の第一面には次のような見出しの記事が大きく出ていた。「日豪首脳　新安保宣言。台湾有事の共同対処、念頭」

　QUADへと着々と動き出していることが確かめられた。

　しかし、1997年、李鵬 元首相は、こんな発言もしていること

は先述した。「オーストラリアは日本を大変頼りにしているよう
だけれども、まああと30年もしたらだいたいあの国は潰れるだ
ろう」（J.B press、2022年6月24日）これは、武藤慶文大臣へ
の答弁であった。

　これと次の報道とは比べる価値はあるだろう。

　「パース：栗山紘尚の記事」：「岸田首相は22日、豪州西部パー
スで、アルバニージー豪首相と会談し、新たな「安全保障協力に
関する日豪共同宣言」に署名した。宣言は、台湾有事などを念頭
に、両国の主権や地域に影響を及ぼす緊急事態に際して、「相互
に協議し、対応措置を検討する」と初めて明記した。
　「覇権主義的な動きを強める中国を念頭に、準同盟国としての連
携を確認した。」のである。

　ここで、我々の書いているいわばこの「歴史的記述」メモにも、
新しい動きが時々出ているこを確認しておきたい。即ち、『東ア
ジア共同体』から『自由で開かれたインド太平洋戦略』へと時代
は確実に、しかしよく国民に伝わらない形で動いている、と。戦
略というよりも、確かに、「構想に沿って動いている」、と述べる
のが適切でもあろう。
　日本の国益の「重心は動いた」と言える。かって、中国の北に

向かって、満州鉄道の工事が進んだ時のことも思い出そう。すでに書いたように、後藤新平らが伊藤博文を説得し、どうするのがベストかと心を砕いていた時に今日の政局が重なるのである！

　もちろん、かってのように、軍部が中心になって、国民の不幸を招かないことが、今日は何よりも肝要である。国民の生命と生活や財産を、守りつつ、しかも大切な、国際的連携をしていかねばならない。国民の生命と財産を守るために、現在の憲法に修正も加えることも考える時は確かに来ている。そのために、国民の自覚、人材の育成、自由な発言を守って活発な議論をして、国際的な貢献にも繋げたいものである。

　先の栗山記者の記事にはこういう結びがついている。「アルバニージー豪首相は、日豪関係は「アルザス条約」の一歩手前まで来ている。」と。なおこの条約は、相互の防衛義務を定めた、米豪とニュージーランドによる安全保障条約のことである。[注1]

　前章（第4章）では、オーストラリアと中国との突然の対立に大変驚きながら、十分にその原因を理解できないままに、我々は、すでに最終章、第5章に入ってきてしまった。疑問は、依然として「南の資源大国が、なぜ中国に歯向かうのか」に尽きる。ついこの間まで、良質の石炭欲しさにたくさんの中国船がオース

トラリア沖で何十隻も、積み荷の順番を待っている映像が筆者の眼底には残っている。土地や港の購入のためにも金力を惜しまずに注いでいた中国の背後事情があったのである。

オーストラリア側も、中国の行動を承諾していたはずである。この大変化、対中姿勢に疑問を持ちイギリス、米国の側に身を置くのは、政権が変わっても、その対中政策同様に変わらない。これで態度の変化はどうやら本物のようだとは言える！

日本で報じられたのは、「オーストラリアがウィルスの発生源について、もっと納得のいく国際的な調査を呼びかけた」のに腹を立てた中国が、「石炭、大麦、小麦、ワイン、羊」の輸入制限をするため、大幅な関税をかけたことに発展し、さらに事が大きくなったことである。これに鉄鉱石の輸入中止を加えて、中国側としてはオーストラリアの経済を窒息させることができると思ったのであろう。

中国は、もとよりオーストラリアなど「靴の裏にはりついたガムくらいの扱い」をしている！のである。大国意識を遠慮もなく、口に出す国民性は変わらないのである。

しかし、実際の中国人は対面中には、極めて低姿勢であることも知っておくべきである。

この方面の事柄については、園田茂人『アジアの国民感情』（中公新書、2020年）は、より客観的に、しかも歴史的変化をも含めて分析している良書であると思う。^(注2)

　さて、オーストラリアの鉄鉱石は、立派なものでどこの国もが欲しいものである。中国政府のいらだちの原因は、万事思惑通りにいかず、「一帯一路」構想にもひびが入らんばかりになってきていることにあろう。一方で、豪政府は国防費を大幅に増やし、QUAD（日米豪印の協力枠組み、政治と経済）構想にも積極的に加入している。

　日本では報道されていなかったこと（新聞、テレビの報道の偏りが最近指摘される）がどうも裏に色々とあることを考えて調べてみた。

　その際、ジャーナリスト、宮崎正弘著の本がまた助けになる。著者は2014年4月に現地を訪れて本にしている。『中国・韓国を本気で見捨て始めた世界』（2014年刊行）にはこう書いている。「豪州在住の日本人が口を揃えるのは、やはり、中国の脅威である。」「中国人は、チャイナタウンを作り、観光客は爆買いをする」「48億ドルを落としたし、政府も、中国に大甘だった。」「しかし、咋今、中国経済の不況で、鉱山労働者のレイオフが続き出した。政府は、（ドイツと同じく）なお、投資を続けた。」「シドニーは

460万人のうち50万人が中国人で、シナニーと呼ぶという冗談もある。」これでこの国の変化の背景が少しわかった気になる。

　どうやら、2014年ごろから、中国政府の資料はあてにならないが、中国の経済発展にブレーキがかかりだしたようだ。そして、中国人の態度にも変化が出てきた。

　一方で、元鳩山総理（当時の民主党の党首から、東アジア共同体研究所理事長）は、「今後10年間、中国のGNPはアメリカを抜き、世界一位になる。日本経済の発展において中国との協力は欠かすことができない。」（2013年7月）と高らかに宣言しているのである。（石平氏の本、参考書欄、p.152）

　しかし、ここ10年の期間は実に足早に過ぎて、世界は、大変化を遂げたものである。中国の経済は、もう峠を越えたのであろうか。日本企業（13600社余りある）は、いつ、中国から脱出するのかを問い始めている。[注5]

「対中政策への反省と新冷戦時代」

　新冷戦が、米ソから米中へとすでに移った、正確には2020年–2021年頃には、移ったと言えるのかも知れない。これは、20

世紀から21世紀に移る頃から、慧眼の知識人、政治家（戦略家）の間では明確に捉らえられてきたことでもあろう。

　アメリカ政府は、1972年に、中国と交流する決心をした。中国の国連加盟やソ連、（ロシア）との冷戦も終わり、次に、どこか、また何か発展（経済的）していく場所を探していたところであったのが大きな理由の一つであろう。

　昔からよく言われるように、世紀末（20世紀）のニューフロンティアは、周恩来とキッシンジャーの秘密会談から扉が開かれたのである。ロシア（ソ連邦）が脱落して新しい冷戦が始まったのである。

　旧冷戦時に、アメリカは、アジアでの覇権を目指して多くの軍事介入もした（多くは好ましくないが）ことは今回は問わないでおこう。

　さて、アメリカが安い労働力を求め、次々と中国に投資して、市場を開き大儲けをしていったのは当然である。約30年が過ぎて、最近になって、スパイ、技術移転等々の問題が米国を悩ませていることを、我々日本人も知ることになった。事件として大きく報道されたのは、「ハーウェイ」のNo2の人物（女性）が、カナダで拘束された事件である。事情に通じていない普通の日本人

は、一体なぜかと問うたに違いない。ガファ（GAFA）の技術を盗んでいたことがわかってきたし、アメリカの先端技術を盗み実力的にも中国が迫ってきていたことがわかったのである。

　アメリカの企業が、中国に移転して行けばアメリカ人の雇用がそれだけ、減ることは当然なことである。アメリカ人の失業者が増えるとともに敵対する気持ちも知らないうちに増していた。

　その後、時が経って、後進国の中国が、日本を超えて経済大国（GDPが世界2位）へと成長していった。このニュースは大きなインパクトを世界に与えた。中国側も自慢し自信ももった。人口の多さから考えて、「GDPが2位」はそう騒ぐことではないし、国民の実収入や失業率の多さ、などが大切であることを、人々は忘れてしまったのであろう。

　さて、米中交流の開始のすぐ後、1972年6月、田中角栄首相の英断で、日本も国交正常化に乗り出したことも前述した通りである。日本企業が急いで何千社も中国へ投資していく。「出国と企業設立の条件」をよく調べてから行ったのかと今となると思えるぐらいの急ぎ方であった。（2020年1月時点で1万3646社、前年から39社の減少）約40年が過ぎて、今日中国から退出の時期が来た。中国は「国防動員法」等の10個余りの法律を作成

し、日本企業の資産を接収してしまうように備えていると伝わってくる。

　アメリカは、（特にキッシンジャーは、あるインタヴューで密かに語っている）、自分たちの真似をして中国に入ってきた日本に、特に田中角榮に、いつかは何らかの仕返しをしようと考えていたらしい。（参照、ロッキード事件）日米関係の真実を知ることは、重要である。筆者は、こゝで「反米」を主張しているのではない。

　天安門事件の際には、G7の場で、欧米の非難を受けて孤立する中国を、助けるための役割を日本（議長国）はしていた。このことは公文書の発表で2020年末にはじめてわかった。「「中国を孤立させてはならない」と。（2020年12月24日、公開された資料検討した朝日新聞の記事で判明）。日本は、一時はGDP世界2位であり、E.フォーゲル先生によれば、やがて世界1位にもなるところであった。日米同盟の強化の中でも、経済と政治的配慮の相克が出ている。戦後も、何度か、米国に発展を邪魔されてきた日本の事を筆者は愛しむ者である。（円高ドル安へ誘導されたことやプラザ合意を第二の敗戦とする意見もある）

　確かに人権か、経済かの選択は、悩ましく難しい問題である。

しかも国の価値観や品格をこれほどに問われ、はっきり示すものもない。「ソ連邦と中共」とは、歴史上、まず、いい判断はされないだろうし、同じくいつかは衰退していくだろうと筆者は考えている。

　今は歴史上の粛清などは問わないが、あの民主化のデモを軍隊をもって弾圧して、何人が犠牲になったのかも今だにはっきりしない中国！少なくともジャーナリズムの本来の役割が、発揮されなかったし人々の声も今だに権力者に届かなかったし、今日でも届いていないと言わねばならない！

　さて、アメリカ人の雇用が企業の中国移転によってそれだけ、減ることになるのは当然なことであった。シカゴ市あたりでは、機械が作動していない、いわゆるラストベルトが生まれて失業中の労働者が街にあふれ、治安はさらに悪くなっていった。こうした背景があってこそ、トランプ大統領は人々の予想をくつ返して当選したのである。同氏は今は34の罪で起訴されている。民主主義の生きている点には安堵する。

　一方で、後進国の中国が、経済大国、GDPが世界2位へと成長してきた。コロナの被害を最小限にとどめて、（彼らの言うことを信じれば）8年後には、GDPで世界第1位の躍り出る！とも言う。

ところでここ 20 年間、世界は一体中国共産党のなすことに対して何をしてきたのだろうか。　特に日本も軍事同盟を結んでいるアメリカはあまりにも、安心して中国のすることを黙認してきたのではないか。この点では特にオバマ政権が、よく咎められる。では一体、対中国政策でどうすればよかったのか。相手側の作戦が上であったのかも知れない。しかしもう、こそこそとは人騒がせな事はできない。フィリッピン前大統領でさえ、南シナ海のスプラトリー諸島問題ではついに怒ったぐらいで、中国は厚顔であることを面会して納得した。

　さらに付け加えると、結局は世界の人々が中国政府の強引な論法を助けてきた！のである。日本の場合は特に、先の戦争での加害への罪滅しにもなろうかと思い、協力に勤しむと言う心情があったのではなかろうか。かって鄧小平に技術協力と投資を依頼された経団連の一部の人々にはそういう気持ちがあったように記憶する。
　一方で中国は、反日歴史教育（特に江沢民国家主席の時代）を熱心に行いその「成果」が、韓国とともに、中国ではよく効果を上げた。ほんの一例（南京大虐殺の誇張した教育）ではあるが、何かの些細な機会をねらって、民衆の中から反日運動が起こり、不買運動も起こり、店舗が破壊されるシーンも目撃した。

2016年にスタートしたトランプ政権から、中国批判がはっきりと見えるようになり、対抗策が次々と出されてきた。そこからが「脱中国」の動きへの始まりでもある。この事実は、後々、歴史の転換点として評価されることだろう。

　時系列で言えば、やはり、トランプ大統領の国連総会（2019年9月24日）での演説が、対中融和の間違いをはっきりと大舞台で公言した最初であろう。これは事実であるが、より「多くの人に知られることになった」という、条件付きでないと正確ではない。つぎに、ペンス副大統領の演説があり、2020年になって、ポンペオ国務長官の演説へと、批判は続くのである。以下において、それぞれの要点を述べて、記録にのこしておきたい。日本は、先述の歴史家F・フクヤマ氏ではないが「危険意識が少なすぎる」と思う。

　ただし、JR東海の会長の故葛西敬之氏は普通の経営者とは違っていた。2007年にはすでに、中国には絶対、リニアの技術を渡さない決心を語っていた、そうである。（Will,8月号、2022、p.36-37）

　中国の推進する「東アジア共同体」構想はヒットラーの唱えた「生存圏」Lebensraum 構想と同じだと喝破もしていたのも同氏

であるという。台湾の独立を認めない、「一つの中国」という思想も、ヒットラーの唱えた「一の民族・一つの言語・一つの国家」にもとづくオーストリア併合と同じことだと語っていたそうでもある。この同氏の意見は、今日熟考に値すると思う。（同上）

　以下では、特にアメリカ人政治家の中国観察をまとめてみることにする。記述に残しておく価値があると考えるからである。

「ペンス副大統領の演説要旨」
　1–1、2018年10月4日の演説。保守系シンクタンクのハドソン研究所においてなされたもの。4項目にまとめられる。
　第1に、中国は政府一体で政治・経済・軍事力・プロパガンダを用いて米国に影響を及ぼし、利益を得ている。
　第2に、米国の歴代政権は、中国の行動を見過ごし、ほぼ加担していたが、そのような時代は終わった。

　第3は、中国は米国の民主主義を妨害し、中間選挙にも影響を及ぼそうとしている。（具体的には、選挙上重要な州を狙った関税措置や広報活動を紹介。）

　第4点は、グーグルは、中国共産党の検閲を強め、同国民の

プライバシーを乱すアプリ開発を中止すべきである。これは、同社の検査作サーヴィス、"DragonFly"の開発中の情報を受けて述べている。

1-2、2019年10月24日のペンス演説。

以下では、この演説を4項目に整理する。

第1　前回の演説から1年立つが、中国政府は、経済関係の改善に向けた行動を取っていない。

第2は、米の企業も、中国マネーや市場の魅力につられ中国共産党を批判せず、米国の価値観を堅持しない米多国籍企業が多すぎる。

第3は、トランプ政権は、中国とのデカップリングは望まない。絶対に、これはNoだ。

第4は、中国の広い世界との関与を求めるが、それは、公正で相互に尊重する形であり、かつ商取引の国際ルールに沿ったものでなければならない。

この演説は、私見によれば、一般にはよく報道され知られてい

るとは決して思えない。原因の第1は、1989年6月4日、まさに天安門事件から30年の日にする予定だったが、あまりも相手を刺激しないように、という配慮で演説日が延期されたからである。事実その月末にはG20の席で、いわゆる大阪サミットで米中首脳会談があり両者は会っている。

　以上が、ペンス演説の要旨であるが、後で述べるトランプ前大統領の演説よりもはるかに緻密な分析であると言える。

「ポンペオ国務長官の演説」
（2020年7月23日）カリフォルニア州の「ニクソン大統領記念図書館」で行われた演説の要旨を以下で書き出す。なお、内容はJETROの礒部真一氏の「講演報告」を参考にする。

　タイトルは、「共産主義の中国と自由世界の未来」である。これは先のペンス氏の演説に次ぐ、トランプ政権の高官の行ったハイレベルの対中国政策の表明であると言える。

　まず、自由主義の世界は独裁体制に勝利しなければならない！「中国が繁栄すれば民主主義に転換するという期待は、裏切られた。自由主義の同盟・有志国が立ち上がって中国の姿勢を変える

時に来た」という。

　演説半ばでは、「香港や新疆ウイグル自治区で人権侵害や知的財産権の盗用、南シナ海での領有権の拡大、その他様々の国際的な約束の破棄をしている。」このような列挙をした事柄は、残念ながら我々（米国人）にはできない。さらに：

　中国は、信頼するな、確認せよ、また公平性と相互主義性を求めよう、と語る。

　最後の方では、「中国に投資することは中国共産党による人権侵害を支援することになる。」と述べた。まるで、かっての全学連ばりの論理（60年安保騒動）で、ある。具体性は、確かに乏しいが、複雑な挑戦に対峙する新たな同盟関係を構築することを現役の米高官が述べたことの意義はある。

「トランプ大統領の国連演説」
　この演説は、時系列的には、上記の3人のうちでは中間の時期に位置することがわかる。ペンス副大統領に次いで、より大きな舞台で宣言したことになる。

自由世界の基盤、愛国心を大切にして、グローバリストの手中からアメリカは本来の自主独立を取り戻すことを表明している。具体的には、ミクロン・テクノロジー社が、中国に、設計図を盗まれた例を挙げて、中国の卑怯な手口を弾劾する。

「2001 年に WTO（世界貿易機関）に加入を認められ、発展途上国を名乗り自国の経済の自由化を宣言して 20 年待った挙句、結局、この政策が、完全に誤っていた」とも述べる。「中国は約束した改革を行うことを拒否したのみならず、巨大な市場障害に依存する経済モデルや巨額の国家補助金、為替操作、製品のダンピング、強制的な技術の移転、そして大規模な知的財産および貿易上の機密品の盗用を容認して来ました。」と明言している。^(注6)

　これは、大統領選挙戦の最中からのトランプの主張であり、高関税をかけ、米国に雇用を取り戻してきた自信の上に立って、大舞台で宣言している。先の二人の発言とも当然ながら矛盾はしない。任命した大統領の発言の線に沿ってそれらは発話されているのである。

　さて米国大統領選挙の結果がほぼ出ており、民主党のバイデン氏が、辛うじて勝利した、ところに我々は立っている。（2020 年 11 月）トランプ票が 7500 万もあったことは、国内が分断されている象徴である。ただ、選挙の不正をエヴィダンス（証拠）

抜きにやたらに宣伝して米国政治の不安定さを示すのは、世界に
とっても、いい事ではないと筆者は思う。(2021 年 1 月)

　ジョウジア州での2議席も、民主党が勝ちとった。あとは、
議会での手続きを経て、1 月 20 日の就任式をバイデン氏は待つ
のみとなった。この米国の不安定さを利用するかのように、中国
では香港の中国化、非民主化が進む。EU でも、コロナ禍が拡大
する中ではあるが、東アジアに、それぞれ軍艦を派遣すると明言
している。EU 脱退を主張する英国もこの動きに同調する。かっ
ての大英帝国の威信がここでも働いているのだろうか。

「日本の態度」

　日本は以上のニュースを聞きどうすれば最良であるか考えると
きである。ドイツさえもついに支援のため南シナ海に軍隊を送る
というニュースも聞いて、心強いことであると筆者は思う。読者
の中には、かっての、日独伊三国同盟を思い出し、不安、または
反対の意見も出てくるかも知れない。
　また、日本には、親中派の権力を持つ政治家たちや、大企業も
あり、工場移転、例えばヴェトナムへの移転も政府の支援、
(2400 億円の補正予算) なしにはできない多くの中小の企業も

ある。この支援額では、大したことはできないという、専門家も
いる。

　米国の反応を確かめるために、ジャーナリスト、長谷川幸洋氏
のレポートをここで追加して紹介しておく。
『中国との共存共栄は不可能─衝撃の米議会報告』(『Hanada』、
新春特大号、2021年p.312-319)が同氏の報告であるが、それ
は以下の3本のレポートを紹介する内容になっている。私見は
要約の中にさらに滲み出るようにしたいものである。これらをさ
らに要約して、この章は終わりになるが、さて一本目のレポート
は、USCC（米中経済安全保障調査会）年次報告。2本目は米国
務省の政策企画スタッフが執筆した報告「中国の挑戦の要素」、
そして3本目は、NATO（北大西洋条約機構）発表の「2030年
のNATO」報告である。

　1、USCC年次報告は大部なレポートの要約である（約600ペー
ジ）。「我々はここ20年間、中国を注視してきた。今や、中国共
産党は彼らが築く新たな国際秩序の頂点に立つことを目指してい
る。中共は国内的にも世界的にも、自分たちの利益を追求すると
宣言している。」
「いまや、バイオテクノロジーや半導体、人工頭脳といった最先

端分野の支配が彼らの目標である……。対象は変わったが手口は同じである……。企業に対する強制的な技術移転要求、国有企業に向けた膨大な補助金、サイバー技術による知的財産の窃盗などだ。」
「中国の国家安全法制は、中国だけでなく中国と犯罪人引渡し協定を結んでいる国に居住したり、旅行する人々をも脅かしている。」
「一帯一路」構想にもとずく中国企業による港湾や情報通信設備の整備は「軍民融合」戦略のモデルである。」
「人民解放軍は、東アジアや東南アジア、インド洋での戦力投射能力を増強してきた。」事実、半世紀ぶりの、インドとの国境紛争も起こった。

「ウイグル人やチベットなどの少数民族に対する弾圧は人道に対する罪であり、虐殺だ。」

　これが、米議会超党派の対中認識であり、バイデン政権のものもこれにより制約されるだろう。2021 年 1 月 20 日前後の大統領交代時期が、台湾攻撃のチャンスとしていることをも警戒している。

　2、米国務省報告はどうか。これも 74 ページもの大部なもので、かって、G.ケナンが「ソ連の封じ込め政策」をこの紙面で書いたのが初めであり、（1947 年）そうした長い伝統を持つ報告で

ある。

「中国の奇妙な形をした全体主義と覇権主義的目標を理解するためには、そんな中国の行動の知的源泉を理解しなければならない。」

　知的源泉とは、我々の本書で使ってきた集団心性に近い。このレポートでは諸悪の根源は中国共産党であって、中国という国、あるいは国民ではないというメッセージも出している。

　ソ連を封じ込めたように、米国にとってこの戦いは、長い年月がかかるだろう。

　3、NATO報告書。これも67ページあり中国に対する警戒感が滲むものである。

「2030年を睨んで、北京の強制力を行使するようないかなる試みも防御できるように備えるべきだ。中国に同盟国間の違いを利用させてはならない。」と主張は要約できる。なお、ピーター・ゼイハンの著書のタイトルも、『地政学で読む世界覇権2030』であるのも偶然ではない。[注4]

「アーミテージ・ナイ・レポート」

　さらに2020年の「アーミテージ・ナイ・レポート」（翻訳、下村健太）が2020年12月7日に出ている。民間のシンクタン

クであるが、元国務副長官 (Armitage)、やナイ（Nye）のような著名な大学教授、元国防次官補を務めた人たちが中心になって、そのための人材を多く集め指導している所の出版したものである。

　毎年出しているレポートであり、日本の政界財界にも大きな影響力を持っている。事実今日まで、日本の国防や政治一般に大きな影響を与えてきた。故安倍首相は、在任中、今までの 10 倍もの研究資金をこの機関に寄付している。（国費で 3 億円）
今回のレポートの特徴は何かを以下でまとめてみよう。（全文 12 ページ）

　序文から引用してみる。「日米同盟は、この大きな不確実性の時代において、安全性と継続性の最も重要な源泉一つである。しかし、日米両国がともに、過去 70 年のどの時代よりも大きなストレス下にある地域秩序と世界秩序に備えなければならないことに疑いの余地はない。」アジアのパワー・ダイナミックの変化、と日本への新たな期待からみて、この宣言は特に重要であると言えよう。

　この「序文」から、想像できるのは、日本にさらに問題への関与、国家安全保障環境の厳しさを感じて欲しいこと、具体的には、集団的自衛権を認め、憲法 9 条の改正を期待する。故安倍首相のとった方向を賞賛し、次期の菅首相にもその継承を求めるもの

である。

　中国の攻勢にも対処することの必要を説くこと、も忘れていない。台湾攻撃の際、日本はどうして欲しいのかあるいはどうするのかにも、触れている。「台湾関係法」を持つ米国と、日本の立場の違いに理解を示すが、「日米両国が台湾との政治的・経済的な関わり方においてより一層の協力を必要としている。」と述べている。ここまでは期待されているのである。

　さらに北朝鮮や、その他、新興技術の取り扱い方、等日本の政治のカヴァーすべき点が列記されている。まさに Japan Handlers（警察犬の調教師たち）の言葉であると言えよう。

　このレポートには、「No と言える日本」を唱える人々が今までにもいた（故石原慎太郎氏等）。これは独立国として独自の判断をするのは当然であるが、しかし、こうした、外からの圧力のあることも日本人として知っておくべきだろう。この機会に政策作成能力を日本国民、特に高等教育を受けるものは学習して行かなければならないと筆者は切に思う。

「民間シンクタンクの必要性」

　そのためには、民間のシンクタンクの活躍がもっと必要であろ

う。シンクタンクは証券市場の分析に向かう場合が多い気がする、これでは、曖昧にして物事をやり過ごす能力はともかくとして、政治や国際問題へ論理的に賛否を明確に論じて言う能力が育たない。

　世論調査でも、支持政党なしと答える人が多いことも、情けないが、実情である。「支持政党なし」が、時には62.4％（2020年3月）もいることがあるのはすでに異常である。コロナの影響もあるが、いつも、相当に、「支持する政党がない」、という国民が多い。その人たちの不満を組み上げることをしないと、民主主義は根本から廃れると思う。（2020年3月の調査中心）

　CSIS　と並んでNSC（米国家安全保障会議）も、日本のことを研究している。マイケル・グリーン氏の意見も影響力を持っている。アメリカの世論も、中国寄りから、「日本との交流を優先すべきに変わってきていること」も指摘していることは記しておきたい。日本人が思っている程に、米国人は日本のことを考えていないことは知っておかねばならない。

「欧州の態度」

　欧州各国も、中国の強引な海洋進出などへの警戒を強めている。

（2021年2月8日）日本としては、欧州の対中姿勢の変化を捉えて、日本が提唱する「自由で開かれたインド太平洋（FOIP）構想」への協力の輪又は安全保障の枠の中に欧州を引き込みたい考えであり、筆者も賛同している。

　NATO（北大西洋条約機構）の事務総長も「中国は敵ではないが、我々とは価値観を共有していない。」と語っている。そして、2030年までを見通す新たな戦略作りに着手していると語っていた。

　出版界を見ても、中国の海洋進出への国民の関心は高い。そのうち代表的な何冊かを以下と参考書欄に掲げておこう。

　近藤大介氏『7つの戦争』なども緊急に出版されている。

　馬渕睦夫氏の、『2021年世界の真実―世界覇権・10年戦争が始まった』も問題意識は同じである。

　「覇権と覇権の狭間を日本はどのようにして泳ぎ抜くか」、この点に国民の関心があることは間違いないだろう。

「日本の立場」

　日本の取るべき適切な方向はいかにあるべきか、またその方針をいかに決定するのがいいのか、これに答える時が来ている。

　アメリカも、イラク戦争（2001年）の際は突っ走ったもので

ある。フランスの拒否権行使の反対をも振り切り、多国籍軍で戦っ
たが、結局、大量破壊兵器は発見されなかった。ブッシュ Jr. は
あの時何に囚われていたのだろうか！フランスは冷静だったが、
日本は米国に追随してしまった！何か、確信に近い情報を、フラ
ンスが持っていたのか、いまだにはっきりしないが、歴史の真実
は後々になってしか明らかにならないのが残念である。

　戦前の日本も同じであった。かって、満州に進出し、国際連盟
で全員で批判されその行動が否定されると、連盟を脱退した。孤
立はそれほど栄光につながらなかったのである。当時、日本は苦
境にあったにせよ、満州が「日本の生命線」だとの宣言をしたが、
結局は大失敗になってしまった。これが、日本史上の、歴史上最
大の失敗をすることになったことは忘れてはならない。軍人だけ
でなく、多くの民間人、若者たちが戦死して、2回も原爆の攻撃
を受け、隣国にも償いきれないほどの災難を残したものである。

　ここであの太平洋戦争のことを再度どうしても思い出すことが
必要になってくる。自虐史観だと非難するのではなく、どうして
戦争に入っていったのかはいつも念頭にないといけないと筆者は
思う。これは日本人としての課題ではなかろうか。

次に、松田学の「You-Tube の特番」で見た「中国にすり寄っていく日本の不都合な真実と運命」(2020 年、ゲスト・著作家宇山卓栄) の一部を利用させてもらうことにする。松田氏は、かって学んだドイツ学の影響か、SEIN (存在、現実) と SOLLEN (当為) の 2 区分法を導入して、実態とは異った情報を取捨したり、整理して、次に良い答えを探求する姿勢を取っていくのがあるべき姿だと説いていた。これは個人でも国家でも同じで、態度決定の際には啓蒙的、示唆的態度であると言える。筆者もあえて述べるならば本書で、一貫してとってきた態度あるいは姿勢でもある。

「周辺国の状況の整理。」

CSIS (戦略国際問題研究所、ワシントン DC) は同盟国である日本の動きを監視し、指摘することはする。すなわち、親中派の二階幹事長、今井たかし氏、らの動きを追っている。アメリカでも、企業家たちは、中国との貿易による利益は、魅力的であり、突如には中国とは切れないという立場である。しかし、法令に反したことはないか、監視されているはずである。しかし、中国の「海警法」の改正を受け、日本はどうするのか、ますます、「曖昧なまま、生き抜ける」(近藤大介『米中心冷戦とアフター・コロナ』、p.238) ことが難しくなってきている今日である!(2021 年 2 月)

近藤氏の言うような「日本式の戦略的曖昧性を構築する」こと
は、この際適切で国際的にも通じる態度であろうか。中国包囲網
を取りながら、習近平主席を国賓として、歓迎するという方針で
ある。しかしこれも誤解を招くだろう。この招待は、コロナ感染
拡大によって、幸いにも、よい言い訳になって延期になった。で
は次にどうするか、である。とにかくも、筆者としては国賓とし
て習主席を迎えるのは適切ではないと思う。

　ミャンマーのクーデタが 2021 年 3 月には起った。日本はスー
チーさんを助けて盛んに援助をしてきたのに、「意外と彼女には
力がないものだ！」というのが筆者の本心である。ビルマ独立の
英雄の娘としての名声が重すぎたのか。しかも、現地の日本大使
の立派な態度には拍手は起こったが、伝言を伝え聞いた日本政府
は、それらについては何も言わない！向こうの民衆はがっかりし
ている、と報道もされている。これほどに悲しいことはなく、日
本は明確に発信力を強化しなければいけないと思う。[注5]

「アジアの中の日本」

　経済的には、この質問への答えとして筆者は、まず大泉氏の考

えに共感する。それは簡略化して紹介すればこうなる。「ASEAN
とともに成長する。」（同上書、p.178）さらに、「中長期の視点
に立てばサプライチェーンの各地の核となる各拠点の生産性を高
めなければならない。」さらに各国の発展に合わせた対策を立て
ること、が具体的に述べられている。（p.180）

　前述のセン教授の教えも色々と参考になるが、今はそのまとめ
に当たる「自由」こそ大切なものという主張を記録しておきたい。
彼はこれを1997年のアジア経済危機の直前に述べ、実際に現実
によって同教授の予言は実証されたと言う。「公正さ、透明性を
持って日頃から統治していないと、危機に際して、悲劇がより大
きく恐ろしくなる。」というのは、戦前のことを思い出せば意味
が重い言葉である。

「アメリカの政権交代」

　バイデン政権がやっと発足した。（2021年1月20日）アメリ
カは投票の件で、ごたごたした後、コロナ対策からまず始めると
いう。と同時に大統領は大量の大統領令の署名から仕事を始め
た。（220兆円の予算を出して、国民全員に分配、等）、さらに、
国内融和、国際協調策を打ち出した。しかも、台湾、ウイグル問
題では、変化はなく、トランプ前の姿勢を継承すると述べた。

すなわち、対中国に関しては、ポンペイオ路線を継承すると述べ、ブリンケン新国務長官も同じことを明言して、議会の承認も得た。

　すなわち民主と共和両党の路線は一致している！

　ウイグル人へのgenoside（大量虐殺）を日本は、より積極的に調べたり、監視する態度を示す必要がある。隣国ゆえに、また経済的に相互互恵であることも、世界に訴える必要がある、と思う。金儲けのみに熱心な国のイメージでは、国民が「最低の評価」を世界から下されるかもしれない。しかし、現政権は、何もせず動かない。日本は常にそうであるが、これは「戦略的に無関心」なのかもしれない！

　また、シルクロードの記録映像をよくNHKは再放送したり、紹介もする。NHKは文化的であるが、放送の中立性に注意しすぎて、結局、世界の真実を伝えそこねていないか。

　核実験（1964年）の地、ロクノールは今日考えると、その近くにあったのである。突然その辺りで消えた研究者もいる。井上靖の小説（敦煌）ブームや、画伯平山郁夫らの中国での偉人扱いと活動とは、そのまま受け入れていいのか近頃しばしば疑問になる。これが、筆者の「下衆の勘ぐり」に終わればいいと思う。むしろそのように見ることが全くの誤解だったと判明することを、

願うのである。

「足元を固める日本」

　中国にはたくさんの日本企業が進出している。中国に進出している企業、中国へ輸出している日本企業は、合わせて３万5000社もあるという。中国経済がクラッシュしたならば、立ち行かなくなる日本企業は相当数出てくるはず。」である（日刊ゲンダイ、斎藤満の報告）最近の情報によると、13600社が今も残り、「国防動員法」による「接収」を恐れている。しかし脱出組は、そう多くない！このことはすでに何回も書いてきた。

　2015年ごろから、すでに引き返すところも出てきた、というニュースも入ってきている。
　ヴェトナムなどは、この退却を大歓迎してくれている。そこから日本の「東アジアへの道」が開かれていたのである。しかし、12万４千の日本人の「人質」はまだ残留しており、中国進出企業数は約１万３千社（帝国バンクデータ）であると言う。

　ビジネスか政治か、むずかしい選択であるが、その厳しさは、コロナ感染の危機に隠れているせいか、国民の間にはそれほど緊

張感がない。幸い、イギリスがまず、空母を東アジアまで送ると宣言している。「台湾海峡、波高しである！」その影のような存在である、尖閣諸島の方が意外と占領しやすく相手側に見えているのかも知れない。世界の場で又国連の舞台でもこの諸島が問題になってきた。尖閣は安保条約、第5条に入る、と米国務長官は明言してくれている。

　台湾有事は、日本有事！という言い方がよく出るようになってきた。（2022年7月）国民の心に、この声が響いているのか、よくはわからない！日本の戦後の教育が、また個人の成育と確立とが試されてくる時になっている。

　2021年5月、習近平主席は、1934年の長征を念頭に置いて、「今こそ、新たな長征に出なければならない」と国民に呼びかけた。この次の日程は、G20への出席である。2021年6月末で、大阪で首脳会談が開かれる。2022年、オリンピック、それから、秋の全民大での決定へと政治のスケジュールはつながる。権力者が長期政権を担うことになると、要注意である。

　まさしく今日、我々日本人は「中露の「帝国的」膨張と歴史の教訓とを学ぶことが必要である。」(Voice,7月号)。そしてアジア、特に東アジアの中に足を置く場を見つけねばならない。

(注1)　オーストラリア戦略政策研究所 (ASPI) の発表参照。記事の中の「AUKUS に続く軍事同盟になる」にはストップをかけるべきで、余りに早急であろう。

(注2)　園田茂人『アジアの国民感情』(中公新書、2020)

(注3)　杉山徹宗『中国の最終目的』(2000、祥伝社)
『問題見えながら対処せず』荒井悦代、(jijicom,2022,6,11) より。
[日本を含め近隣国は、政治的安定を取り戻せるよう、良識を持った援助を行う必要がある。]

(注4)　ピーター・ゼイハン著、木村高子訳『地政学で読む世界覇権 2030』、なお「2030 年」はアメリカ情報機関が分析した 17 年後の未来と関連しているのだろう。

(注5)　全 2 回　ジェトロ・レポート。藪　恭兵氏の記事を参照

(注6)　第 74 回国連総会、2019 年 9 月 24 日、織田哲司訳

[参考書]

宮崎正弘『中国・韓国を本気で見捨て始めた世界』(徳間書店、2014)

石　平『なぜ日本だけが中国の呪縛から逃れられたのか―「脱中華」の日本思想史』「(PHP選書、2018)

同上『なぜ中国から離れると日本はうまくいくのか』(PHP、2012)

板垣英憲『国際金融資本の罠に嵌った日本―悪魔の経済〜悪魔の経済グローバリズムの正体』(日本文芸社、2011)

ジャック・アタリ著、林昌宏訳『21 世紀の歴史』(作品社、2008)

三橋貴明『2021 年第 2 次世界大恐慌と日本の危機』(経営科学出版、2020)

北野幸伯『「自立国家」日本の創り方』(ダイレクト出版、2020)

佐藤健志『右の売国、左の亡国』（経営科学出版、2020）

月刊『Hanada 、新春特大号、』(2021、2)

橋爪大三郎『中国 vs アメリカ』（河出新書、2020、12）

馬渕睦夫『2021 年世界の真実』（WAC　2021）

近藤大介『7 つの戦争：米中心冷戦とアフター・コロナ』（講談社現代新書、
　　2012、1）

松岡正剛編『日本と東アジアの潮流』（丸善、2009）

あとがき

　2021年7月1日は、中国共産党創建100周年記念日にあたる。それまでに、バイデン政権がどのように、国内、国際問題に向き合うのか、それは日本の進路にも大きく、関わる大事な出来事だといえよう！コロナ対策とオリンピックを開催する件で日本国民の間には疲れが広がっているように見える。正確には、関係者たちではあるが……。それらの為か、台湾・尖閣諸島問題などには、一般国民にはそれほど関心がないように見えるのも困ったことである。メディアも偏っているのではないか！一つのことにあまりにも集中しすぎるきらいがある。

　現在の世界は、米国とEUまで含めて、「対中包囲網作り」に大きく動いている時で注目されていると言わねばならない。（2021年、夏）

　2022年からはロシアのウクライナ侵攻が世界の人々の心配の中心である。

　歴史を振り返ってみること、特に先の見えない時には、各個人も独自にそれぞれの国の歴史研究をして、歴史を振り返ることが

大切である。現在の問題を解くためにも、その都度、歴史を振り返ることが、助けになる。その場合、歴史の中核にあったり、ある問題を探り、その類似点を探ることがさらに大切であり、それが教訓に満ちた深い智慧を生じさせてくれる。本書では、今日と日露戦争後の日本の状況とに重ねてきたつもりである。

　いま直面している困難には、答えが急には出ないが、両者の関連性から解決の道が少しでもよく見えてくると思う。

　筆者は、日清、日露の戦争と、その直後の「アメリカの態度」が悪化したことに関心がある。セオドア・ルーズベルト大統領は、ロシアとの仲介の労を取ってくれたものである。新渡戸稲造の『武士道』を英文で読んで感動したことも見のがせない。そのことへの感謝の念がその頃の日本人、特に日本の政治家たちに欠けていたのではないかと今は思っている。

　日清戦争では、陸軍・海軍とも劣勢を跳ね返して、奮闘しながら勝った。清国にはどこか、日本を見下したような態度が見られたものである。軍艦を長崎に寄港させ、相手の度肝を抜くような乱痴気騒ぎを船員・軍人たちはしていたものである。つまり、清国は大国であり、日本をバカ扱いにしていたのである。

　一方の日露戦争でも、大国相手であり、日本には戦費もろくになかった。資金作りには、ロンドンのCITYの協力が大きかった。国民はもとより、政府の関係者がどこまでそのことを知っていた

のか。財務担当の高橋橋是清が、ロンドンで苦労した挙句にやっと、ユダヤ系の金貸しから借金をしたのである。さらに国民の愛国心の強さによって、さらに国民の犠牲によってやっとの事で、勝ったのである。しかも、ちょうどいいところで（もう戦費もなくなっていた）、キリがついた。日本海海戦の勝利である。ロシア国内の事情（1905年）、ケレンスキーの内乱事件がなったし、戦争がさらに続いていたら、この戦争の成り行きは一体どうなっていただろうか。もとより、歴史に、「もし」はないという声も聞こえるが！

　しかも、日本の世論は、領土や賠償金を獲得しなかったことに怒っていた。財政は底をついていた。もう1年も続くと、戦費無しの状態で戦争を続けるしか仕方がなかったと最近は知られている。このことを直接の関係者以外は知らなかった。（意見書を提出した東大の7教授も知らなかったのだろう！彼らは、バイカル湖までさらに突進せよ、と言っては民衆を煽った。）

　日清戦争の勝利では、韓国の独立、台湾の割譲、それに、大陸進出、2億テール（当時の邦貨で3億1000万円）の賠償金を得た。一方で、ロシアは一片の領土も、一銭の賠償金をも出さない方針（1カペイカも出すな！）で、この時代を押し切ったのであった。

　民族（清は満州族）は違えども、逆に現在の中国の愛国心がこの敗戦を出発点として芽ばえていたことを、人々は忘れているの

ではないだろうか。日露戦争には、満州の鉄道権益をアメリカと共有せずに、その直後、移民を大量にアメリカに送り出した日本政府こそ、アメリカ側の反感がそこから生まれ、将来の対立の芽が撒かれ、徐々に成長していったと見るのが新しい、正しい見方であろう。日露戦争後の、しばらくの間が、今日の日本の方針を決める際に、これらの事実が参考になること、すでに何回か前著、および本書でも筆者は述べてきたつもりである。

　あの時、小村外相のように、無理に何かを欲しがらず「現実を見定めること」に専念すべきであった。満州に深入りすることなく、アメリカと、ロシアを対峙させるのが、「勝海舟流の交渉術」（かって、明治維新の頃、対馬を狙われた時のこと）、であったのではないか、と歴史は教えてくれる！国益を考えて朝鮮独立を助けた方が、どんなにかいま評価されたことだろうかと思う。対馬をめぐっても、ロシアと英国を対峙させる外交術があったのである。（拙著『歴史に向き合う』、p.163–164 参照）

　満州事変、支那事変へと走った道は、繰り返し、繰り返し反省を込めて見直したいものである。中国の賢者、故適や宋三姉妹はアメリカの介入でもって国民党を救うことを考えていた。半藤一利氏が最近逝去されたが、氏もきっと同じ思いであったのではなかろうと思う！

ロシアとの不戦条約締結（1941年、日ソ中立条約締結）など
を結び安心するという政策は、歴史、もっとはっきり言えば、向
こうの国民の怨念をまったく考慮しない政策であった。さらに三
国同盟（1940年）などせっかくの日英同盟を無駄にした、最悪
の選択であった。結果は、現在見るがごとくである。

「領土は、交渉しない！」と23回も故安倍首相と会った人（プー
チン大統領）が、新聞で見ると、最近になって語っていたもので
ある。ロシアは、北方四島で軍事演習を最近、行ったとも言う。
これが「我が国の国民に言うことばか、我々に対する行動か」、
と思うが、同時に、日本は国際舞台で、おめでたい、馬鹿ものに
思われ、扱われている、と思う。かっての、鳩山一郎首相らの日
ソ共同宣言（1956年）への努力はどうなったのであろうか。
　ロシアも信用できない。中国も信用できない。しかし世界から、
日本が信用できない国と言われないようにはしたい。　その為に
は、日本文化に矜持を持ち（誠実さ等）、歩むしかない！そして、
この国民と領土を守るため「自己防衛」は、しっかりしなくては
ならない。米国も、自らを助けないものを助けないだろう。ウク
ライナの国民の、必死の抵抗がなければ、欧州もアメリカも危険
を冒して、大きな負担をしてまで助けないのではないか。彼らの
国土を守る士気に学びたいものである。

本書は、『東アジア共同体』への産業界の繁栄への意欲から、『自由で開かれたインド太平洋戦略』（「構想」と途中から変更になった）への変化を、時事的に追ってきた。EUとNATOのようになることは困難でかつ時間を要することである。さてこの認識の上に立って、これからどうしていけばいいのか、が残された課題である。特に対中国問題は菅内閣の後を継いだ岸田内閣の責任であり、その決断と実行とは難しくて重い課題である。

　2022年11月17日より、タイのバンコックでAPEC（アジア太平洋経済協力会議）の総会が開かれた。日本は、600社からの企業がタイに進出している国という。そして、今、中国に向かってこれらの会社は「動いている」という。タイでは低賃金のためだろうか、きっと様々な条件（債務など）があるのだろう。

　東アジアの国々とは、ウィン・ウィンの関係で日本は独自に少しずつ前進していくのみである。もとより『脱亜論』でなく、『入亜論』の立場を取りたい。さらに『連欧連亜論』もできれば悪くはない。[注1]その際、EUがいい例を示してくれる。

　仏独は、ドゴールとアデナウアーの和解から相互謝罪へと進み、さらに経済関係の交渉、組織作りなどの取組みをしてきた。それには長い努力が払われて来ているのである！

　NATOも1日でできたものでは決してない。[注2]

トルコはNATOの一員であるが、長年の願い（23年間）にもかかわらず、EUには加盟させてもらえない。

　2022年2月24日、ロシアは、ウクライナに侵攻した。ラブロフ外相は「ロシアは攻撃していない。」と語っている。このようなことが平気で言える国や外交官とは、今後とも交渉はむずかしく、対話自体も論外にしたいものである！

　また、「ロシアを非難しないアジア」について、朝日新聞のアジア総局長は次のように書いていることにも注目したい。

「ASEAN諸国が暴力の停止と国際秩序の順守を求める積極的な意思表示と具体的な行動を今起こさなければ、この地域は大国の覇権争いの前線へと逆戻りしかねない。」（翁長忠男記、2022年3月16日）

　個人の意見をはっきりと持ち、国益のために、国民の財産と生命を守るため、今日、明日に何をすべきか、筆者も多くの国民と共に決意を固めていきたいものである。ウクライナの国民はそのような決意を実行している、と思える。

「タイ・カンボジア、ラオス等」

　タイは今や経済大国であると言える。カンボジアはあの悲惨で、

形容することばもない不幸（ポルポト政権による大虐殺。シアヌーク政権をクーデターで倒した、ロンノル政権を作ったのはCIAであったとは不思議である）を乗り越える努力を今日している。ラオスは、静かにメコン川のほとりに住んで、ヴェトナムのドイモイに似た、チンタカーン・マイ（新思考）改革に邁進している国である。東アジアの国々のことを短く書き上げることは不可能であるが、今筆者が心配していることを書いておこう！それは、20世紀末の「アジア金融危機」のことと、目下の中国のあまり褒めらたことではない、高圧的な影響下にあってこれらは苦しむ国々だということである。

　ここで、麻生太郎、元総理であり副総理であった人の文章を引用させていただく。同書には通貨危機に際しての日本の支援金の額等のことが書いてあり、情報として貴重である。

　もともとは、タイの貨幣、バーツが弱さを突かれ、禽獣（はげたか）のような、金融資本家たちに狙われたものだった。（1997年）経済発展のわりに貨幣の価値がひどく低い！そして、ヘッジハンド独特のテクニックを使って通貨暴落が起る。韓国も含め、アジアの国々の通貨価値が急激に下がったのである！そこで日本の出番となった。

「韓国に対しては83億5000ドル、マレーシアには43億5000

万ドル、インドネシアに対しては、29億3000万ドル、タイに対しては28億7000万ドル、フィリッピンには25億など、合計300億ドル―1998から1999年のかけて一軒並み金融危機に見舞われていたアジア各国に対する、日本の支援金の額である。」(注3)

　日本も財政難や不況で苦しんでいた時なのに、支援の手を差し伸べた。さらに、その後もこれらの国々にはODAを続けていたのである。

　COP 27（気候変動）への貢献は当然ながら、日本も努力しているが、果たしてどう評価されているのだろうか。かって、「京都議定書」では、良いスタートを切ったはずであるが、今は干ばつの被害に苦しんでいる国からは先進国ら（日本もそこに含まれる）は恨まれているに違いない。彼らの言い分はおそらく、こうである。

「自分たちはCO_2を沢山出してきて、今になって炭酸ガスの排出を減らせというのか。」インドもこの点では対抗する国であろう。

　本書は、政治の中核、統治とはいかにあるべきか、を忘れずに、個人の主権を生かすことを国のあり方を根底に据え、大切だと思うことを書き込んできた。しかし、新聞記事の切り貼りに終わってしまったようでもある。渡辺利夫氏の『脱亜論』には、足元に

も及ばないものになってしまったようである。

「タイ、バンコック発、共同通信（2022年11月）」

　APECの最近の動きについて書き加わえて本書も終わりにしたい。「タイはAPEC（アジア太平洋経済協力会議）を主催するという計り知れない栄誉を与えられた。この役割は、APECの長年にわたる重要性と今年の特異的な状況のため、タイにとり大きな機会であると同時に重大な責務である。」（経済産業省のホームページより）これはAPECの大切さを十分に知った、説得力のあることばと言える。

　APECは1989年、タイを共同設立メンバーとして創設された。それ以来、経済協力に関する重要フォーラムはアジア太平洋の21の主要経済国で構成されるに至った。

「APECの根幹となる価値観は、地域経済統合の促進で数十年に渡り変わらない。現在 APECには28億人以上が住み、国内総生産（GDP）の合計は53兆米ドルで、世界全体の GDPと国際貿易の半分以上を占める。」こう報道もされている。
　タイ国のアジア地域の発展への実績と望みがこれでよく伝わっ

てくる。さて今回どう言う宣言、結論が出せるか、大いに期待された！「太平洋」と掲げているので、合意は微妙になってきたとは言える。簡単に言えば、アジアへの米中の影響力拡大がどうなるかの点がどうなるのかが焦点であろう。首脳宣言はどうなったか、結局、明確な発信はできなかったようである。

　確かに「Open, Connect, Balanceの目標」はいいことである、しかし、それを達成するまでの具体化策がはっきりとしない。ここで日本の外務省の報告を書き出しておきたい。

「コロナ後のアジア太平洋地域の回復や包括的かつ持続可能な成長について議論を行った。

　議論の総括として首脳宣言が採択されたほか、同地域の持続可能な成長に関する「バイオ・循環型・グリーン経済に関するバンコク目標」が承認された。岸田首相も、演説で特に、北朝鮮のミサイルの発射、と日本のEEZ（排他的経済水域）内への着弾を強く抗議した。」と同省は発信している。

　この地域を、「自由で開かれたインド太平洋」構想のように、政治的安全保障的にも役立つものにすることは、当然として、まだまだほど遠い話だといわねばならない。その一端を示すかのようにQUAD関連国の代表が東京で会議中に、中露の偵察機が数機、接近し、日本の自衛隊はスクランブルをかけたそうである。（2022年11月30日、朝日新聞の報道）

しかし APECでは、少なくとも、次のような確認はなされ、これが今年度の結論とも見られる。

「2040 年までに、開かれた、ダイナミックで、強靭かつ平和なアジア太平洋共同体の実現するため……APEC プトラジャヤ・ビジョン 2040（Putrajaya Vision、マハティールが提案して、実現したマレーシアの都市、—緑豊かな理想の都市—を作ろうという理想の運動、）の達成に向けた我々の強いコミットメントを再確認する。」このような結論をしっかりと聞いて、我国はアジア太平洋外交の真価を示していくことが大切だろうと思う。^{（注4）}

　経済面での統合ではあろうが、インドは、安保上、今どちらに味方するのか、かなり先の目標でもあり、日々の営みの積み重ねいる、その上人口も多く、極めて大切な国である。（人口も、GDP も中国と競うほど多いし大きい。IT頭脳も素晴らしい！）

　なお、中国は、RCEP（地域的な包括的経済連合を今年、（2022年）を発足させて、経済的な結びつきを加速させている。

　ついに、今回のAPEC首脳たちは「最終宣言」は出せなかったのに等しい。しかし「東アジア共同体」に向けて「経済統合」もやはり進んでいるのである。日本は、日米同盟を基礎にして、それを強化しつつも、アジアとともに生きる気持ちを持つのが最良

と思える！最近（2023.4.14）G20の場でスリランカのデフォルトを日本が「7％負担でなく」、全体を導いて解決に向けて努力すると声明した。大変いゝことであると思う。

　さて日本はどう言う位置を具体的に（経済だけでなく、政治上、安全保証面でも）、世界でとって生きて行くべきなのか。「自由で開かれたインド太平洋構想」実現に向けてどう進むのか。国民についに突きつけられてきた大問題である。その際EUとNATOの例は最高の手本だとも言える。但し、その根本は信仰の自由を認めた上でキリスト教でなくとも、仏教の「不住」や「無位」に置くのも良かろう。さらに「大悲」を説くを聞き、これが心まで到ることを理想としていく。なお『維摩経』のサンスクリット原典は1999年はラサのポタラ宮で、大正大学の調査団によって発見された。[注5]

　福澤諭吉の、「自国の独立」は「個の確立」の上にあり、「外国交際は我国の一大難病にして、これを療するに当て、自国の人民にあらざれば頼むべきものなし。」[注6]

　平凡なまとめではあるが、「国家は、国民の生命、財産を守る、そのような国を捨てられない、」とあるウクライナ人男性（兵隊）がポーランド国境で述べるのを、2023年のはじめに、目にしたし、耳にして心打たれたことがある。このような気持ちを日本人も持

てると良いと思った。日本人は、そうすることで、さらに独立心を持った「個人」として、一人一人がより輝くのではないか、と期待しつつ擱筆したい。

（注1）　進藤榮一『日本の戦略力』第九章（筑摩選書、2022）

（注2）　グレンコ・アンドリュー『NATOの教訓』（PHP新書、2021）

（注3）　麻生太郎『とてつもない日本』（新潮新書、2007）p.28-29

（注4）　渡邉昭夫『真価問われるアジア太平洋外交』（1,2,3）（2011.11.29）

（注5）　梵文和訳・髙橋尚夫・西野翠『維摩経』（春秋社、2011）の「拠り所がないという根本」（p.128-130）を参照。拙著『フランス文学と死生観』（駿河台出版、2014）補足1も参照。

（注6）　『文明論之概略』（岩波文庫、31版、p.294）

著者略歴：熊沢 一衛 （くまざわ かずえ）

1940 年　大阪生まれ
1963 年　東京大学文学部仏文学部卒
1966 年　同大学文学修士
1967–1970 年　フランス政府給費留学生としてリヨン大学留学
1971 年–2014 年、広島大学、名古屋大学、名古屋外国語大学で教
鞭をとる。名古屋大学名誉教授、名古屋外国語大学名誉教授

著書、訳書

『ヴォルテールとフローベール』（駿河台出版社、1990）
『フランス文学と死生観』（駿河台出版社、2014）
『世界シンボル大辞典』（大修館、1996、共訳）
R.モリゾー著、訳『ヴォルテールの現代性』（三恵社、2008）
『歴史に向き合う』（三恵社、2017）
『「個の確立」と二つの憲法』（三恵社、2019）

『東アジア共同体』から
『自由で開かれたインド太平洋構想』へ

2023 年 6 月 1 日　初版発行

著　　者 —— 熊沢 一衛
発 行 所 —— 株式会社　三恵社
　　　　　　〒462-0056 愛知県名古屋市北区中丸町 2-24-1
　　　　　　TEL 052-915-5211　FAX 052-915-5019
　　　　　　URL http://www.sankeisha.com